그곳에 가면
사랑하고
싶어져

여행은 자기를 찾아가는 일인 동시에 자기를 버리는 일이기도 하다. 다시 말해 여행
은 낯설고 물 선 고장을 다니며 다른 자기를 만나는 과정이고, 또 그것을 받아들이는
과정이다. 많은 사람이 인도를 여행하고 흥미로운 책들을 냈지만, 이 책만큼 사람과
의 만남이 구체적으로 기록된 글은 드물다. 그것이 이 책이 보석처럼 빛나는 이유다.

함성호(시인, 「인도를 생각하는 모임」 회장)

나를 찾아서 떠나는 여행. 그것만큼 설레는 것이 있을까요? 김지현 작가는 항상 초롱 초롱한 눈빛으로 이야기합니다. 그래서 밝고 영롱한 그녀와의 대화에서 따뜻함과 정 겨움을 느낄 수 있죠. 이 책을 읽으시는 분들도 그녀가 인도에서 만난 사람과 그들의 이야기를 통해 바쁜 일상에서나마 여유와 휴식을 느꼈으면 좋겠습니다.

유종호(차앤유 피부클리닉 원장)

배낭 여행자들에게 인도는 참 특별한 곳입니다. 그래서 인도를 다녀오신 분들은 흔히 '인크레더블 인디아'라고 많이들 얘기하시죠. 제가 만난 인도 땅도 특별했습니다. 다른 나라에서는 쉽게 경험할 수 없는 여러 가지 유쾌한 일들의 연속이었으니까요. 김지현 작가의 솔직담백한 이야기를 따라 인크레더블 인디아를 지금 만나세요.

서준영(다음 카페 「티베트 여행 동호회」 운영자)

감성 음악 팟캐스트 「김지현의 시간산책」을 진행하시는 김지현 님이 인도 여행을 다녀오셨네요. 지현 님은 이번 여행을 통해 많은 것을 보고, 많은 것을 느끼셨다고 합니다. 감성 여행 에세이답게 이 책에는 그녀가 느꼈던 여러 가지 이야기들이 가감 없이 들어가 있습니다. 이 책이 여러분께 인도로 여행을 인도할 것입니다.

명승권(의사, 팟캐스트 「나는 의사다 – 닥터명의 의학쇼」 진행자)

"마살라가 뭐예요?" 12년 넘게 인도 음식점에 근무하면서 가장 많이 듣는 질문 중 하나다. 마살라는 음식의 맛을 좌우하는 인도 향신료의 조합이라고 할 수 있다. 인도 음식점의 맛은 이 마살라에 따라서 달라진다. 김지현 님의 감성 에세이에는 인도의 마살라를 찾을 길이 있다. 지현님이 느낀 인도의 마살라를 함께 찾아보길 바란다.

허정훈(인디아레스토랑 「달」 지배인)

namaste

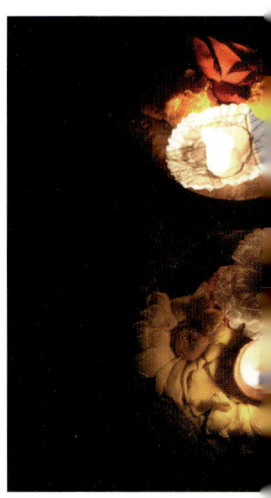

배낭 하나 달랑 메고 혼자 떠나라.

당신을 기다려줄, 당신을 반겨줄 깊은 영혼의 여행자들이

두 팔 벌려 기다리고 있을 테니까….

청춘을 돌려줘요.

사랑은 두 배의 기쁨
자유와 열정을 품고 나는 떠났다.

그러나
인도는 마치 그려지지 않는 청춘과 같았다.
한 마디 말로 형용할 수 없는 난해함…
보이지 않는 막막함

누군가 내게 행복이 무엇이냐 묻는다면,
나는 주저 없이 답하리라.

"살아있음을 느끼는 순간이라고…"

어린 나이와
젊은 나이

어린 나이는 도대체 몇 살까지일까?

스물두 살이 되던 해 겨울 어느 날
그해 여름방학에 새내기인 스무 살 대학 후배로부터
갑자기 인도 여행을 하자는 제의를 받았던 게 떠올랐다.

당시에는 "무슨 인도야? 사서 고생할 일 있어?" 했었다.
청춘이 사무치는 시기인 이십대 중반에 걸쳐지니
어린 나이가 지고 있다는 조급한 마음에

당장 떠나야 할 것만 같았다.
당장 고생해야 할 것만 같았다.
그 고생이 막 익어가는 내 청춘에 아직은 괜찮다며 등을 토닥여
줄 것만 같아서였다.

멋모를 20대의 어여쁜 아가씨처럼

멋모를 멋을 한껏 부리며,

갓 테이크아웃한 스타벅스 커피를 들고 뉴욕을 활보하거나

알이 새카맣게 반짝반짝 빛나는 멋진 선글라스를 끼고 에펠탑

앞에서 브런치를 먹거나 할 수도 있겠지만

누구나 꿈꾸는 생활보다는

조금 더 어릴 때, 아니 이제 어린 나이는 돌아오지 않을 젊은 나이의

시대로 들어서며

조금은 특별하게 맞이하고 싶었다.

'분명 달라져 있겠지.'

그렇게

어디서 나온지 모를 젊음의 향연을 위해

느닷없이 가이드북을 사서 읽은 다음

배낭을 싸기 시작했다.

"저 인도에 가겠어요."

뜬금없는 내 말에 부모님은 그저 황당해 하시지만,

거부할 수 없는 비장한 눈빛과 표정을 내비치니,

"조심해서 잘 다녀 오거라."라는 한마디만 하신다.

어리지 않은 나이, 이제는 혼자서 배낭을 메면 어디로든 떠날 나이.
그리고 스스로를 책임져야 마땅한 나이.

가끔 어리지 않다는 것,
배낭을 메야 한다는 것,
배낭을 들어주는 이가 아무도 없다는 것,
그런 것들이 서글프게 다가오겠지만.

그래도 나는 배낭을 싸야 한다.
이제 어린 날은 안녕.

갈증

무언가가 지겹거나 혹은 괴롭거나
또는 무언가로부터 벗어나고 싶거나
아니면 새로운 삶을 시작하고 싶다거나

그럴 때 사람들은 여행을 하는 것 같다.

간디 공항에 발을 내딛고
배낭을 맨 채 어슬렁어슬렁 공항을 걷자
불과 10분도 채 되지 않아
서로 눈치 보는 아시아인을 많이 만날 수 있었다.
"저기… 한국분이세요?"

그렇게 달랑 배낭 하나 메고 온
한국 청년들이 모여 앉아
눈치껏 아침을 기다렸다.

모두 다른 곳에서 이곳으로 홀로 배낭을 메고 온 사람들이었다.
대개 학교선배가 좋다고 추천해서 왔다거나
그냥 궁금해서 왔다거나

이유야 어쨌든 그려지지 않은 미지 세계에 대한 판타지가 있는 것
은 분명했다.

나는 왜 인도에 왔을까?

무엇을 잊기 위해 온 것도 아니며,
무엇을 찾기 위해 온 것도 아니며,
무엇을 즐기기 위해 온 것도 아니다.
그렇다면 나는 왜 여기에 있는 걸까?

여행에 이유가 필요한가?

그저 잘 모르는 이끌림에서 오는 호기심이었을까?
그럴 수도 있겠다.
그저 인도에 오고 싶었다.
간혹 그려지지 않는 곳에 나를 그려 넣으면
내가 특별한 사람처럼 비쳐질 수도 있을 테니까.
자기 자신에게 상실감을 느낀 사람이라면
누구나 일상의 나른함에서 벗어나고 싶어할 테니까.

그리고 나 역시 상당한 갈증을 느끼고 있었으므로 …

나는,
20대 초반의 순수하고 풋풋한 나를 잃어버릴 것 같은 기분을 떨쳐낼
필요가 있었다.
그러려면 무언가 특별한 경험을 해야만 했다.

아무튼,
무엇을 위해 떠나왔는지 이유를 설명할 수는 없지만
우리 20대 청년들이 느끼는 것은 마음으로는 거의 다 비슷할 것이
다.
염증… 그리고 염증을 지우기 위한 애타는 갈증,
그게 아닐까?

브라운관으로
들어가다

이제는 젊다는 것으로 위로 삼아야 할 때,
그러나 그려지지 않는 그림을 그린다는 것은 상당히 어려운 일이다.
마음은 아직도 어린지 인도는 내게 설렘에 앞서 두려움으로 다가왔다.
상상불가의 땅, 미지의 세계….

간디 공항에 발을 내딛기까지 잃어버린 내 영혼을 찾으리라는 엉성한 기대감과 이유 없는 두려움을 한가득 품은 새벽, 그렇게 나는 인도 땅에 홀로 떨어졌다.

어둠을 피해 공항에서 뜬눈으로 지새운 후, 서울 지하철과 별반 다를 것 없는 인도의 공항철도를 타고 도착한 뉴델리 역.

정말 내 머릿속에 그려지지 않았던 인도였기에 에스컬레이터를 타고 올라와 만난 인도의 첫 모습에 나는 경악할 수밖에 없었다. 마치 1950~60년대 한국전쟁 이후를 다룬 영화의 촬영현장, 그러니까 브라운관 안으로 들어온 느낌이랄까? 내 머리는 '이건 아니야!' 라

는 절규 섞인 공황상태에 빠져들었다.

뿌연 안개에다 여태껏 맡아본 적 없는 쾌쾌하고 비릿한 냄새가 무방비 상태인 내 코끝을 사정없이 찔러댔다. 경계선과 중앙선 모두 없는 거리를 마구 지나가는 차와 그 사이를 아무 일 없다는 듯 무표정하게 걷는 사람들. 게다가 길바닥은 발 디딜 틈 하나 없이 온갖 쓰레기와 오물로 뒤덮여 있다.

정신 차릴 틈도 없이 울려대는 경적과 내 옷자락을 잡아끄는 거무튀튀한 손, 낯선 이를 바라보는 경계심 가득한 시선에 다시금 에스컬레이터 안으로, 브라운관 밖으로 나가고 싶다는 생각만이 내 뇌리를 때렸다.

'이 모든 게 꿈이기를…'

회피하고 싶다는 생각에 찾은 탈출구는 1분이라도 앞당겨 오늘밤을 묵을 호텔을 잡자라는 아주 단순한 생각뿐이었다.

오물로 덮인 거리를 헤매며 한두 시간가량 두들긴 호텔에서 들을 수 있는 말은 "노 룸!" 이라는 절망적인 소리뿐이었고, 이대로 퀴퀴하고 시큼한 오물과 쓰레기 더미에 내버려지진 않을까 하는 생각에 눈앞이 아득한 터에,

"방 있나요?" 라는 내 물음에, "노 프라블럼!" 이라는 한 줄기 빛 같은 대답.

'오, 신이시여!! 감사합니다.'

짜릿하다 못해 엔돌핀이 솟구치는 순간이었다.

그러나 말이 호텔이지 방은 내 눈을 의심할 정도로 평생 듣도 보도 못한 최악의 모습이었다. 혹시나 싶어 다시 한 번 눈을 비비고 살펴봤지만 역시나 그대로였다.

나는 실망감과 허탈감에 그만 얼이 빠져버렸다.

그러나 곧 내 눈이 거부하는데도 내 지친 육신은 이 방이라도 얻었다는 환희에 이 방을 받아들이는 관대함을 베풀었다. 정신과 육신이 고되었기에 지저분함에 대한 내 머릿속의 생각은 멈춰버렸다.

더럽고 후미진 이 방은 바깥세상으로부터 날 보호해 준다는 명분으로 나에게 얼마나 큰 안식처이자 보금자리, 든든한 울타리가 되었는지…. 아니, 아름답다고 내 스스로 얼마나 많은 주문을 걸었던지….

좋든 안 좋든,
지저분하든 지저분하지 않든,
환경과 상관없이
누군가 날 보호해준다는 생각이 들면,
그것에 무작정 기대고 싶어지는 것.
언제나 엄마 같은 존재를 찾으려고만 한다는 것.

아름답다고 주문을 걸자.
더러움 또한 삶의 일부분, 소소한 아름다움의 조각으로 보이기 시작했다.
그렇게 인도여행은 시작되었다.

아름답다고 주문을 걸고 나온 거리에서 순수한 인도를 만날 수 있었고 새로운 세계에 대한 신선함이 눈앞에서 어른거리기 시작했다.

복잡하고 지저분한 것만 같지만 자꾸만 눈이 가는 것.
'이것이 인도구나.'

디아의
절규

뉴델리 공항에서 만나 여행 동반자가 된 소미 언니와 진이, 그리고 나는 디아(Dia·촛불 접시)를 띄우기 위해 바라나시의 유명인 철수 씨의 보트에 올랐다.

성스러운 갠지스는 모든 소원을 품는다고 해서 바라나시를 찾는 사람들은 디아를 강물에 띄우며 소원을 빈다. 우리 일행도 소원을 빌 디아를 띄우기 위해 보트에 올랐다.

보트를 탄 지 5분 정도 되었을까? 저 멀리 아홉 살쯤 된 소녀가 앙상한 팔로 노를 저으며 우리 보트로 빠르게 다가온다.

다가올수록 가까이 보이는 소녀의 얼굴, 우리에게 누런 치아를 씩 웃어 보이며 다섯 손가락을 쫙 편다.

"빠이브(5) 루피."

힘들게 보트를 저어온 가격치고 소원을 빌기 위해 쓰는 디아는 너무나 저렴했다.

우리는 사이좋게 디아를 하나씩 샀다.

"땡큐" 하며 있는 힘껏 노를 저어 다른 보트로 가는 소녀.

소녀는 어린 나이에 천하장사처럼 노를 참 잘도 젓는다.

점점 멀어져가는 소녀를 보며 잠시 기분이 먹먹해졌다.

더 사줄 걸 하는 뒤늦은 후회 때문일까?

아니면 어른인 나와 어린이인 소녀의 사회적 위치가 바뀐 탓일까?

나는 아무 벌이도 하지 않고 아무 어려움도 없이 공부를 할 수 있고

행복을 꿈꾸며 여행을 왔다는 것 때문이었을까?

원래 가난한 인도에서는 공부를 할 수 없고 생계유지를 위해

어린이들까지 일을 한다는 건 알았지만

막상 두 눈으로 보니 무척이나 울적해졌다.

내 두 손에 쥐어진 건 하나도 없지만 본의 아니게 이곳에서는 상대적으로 많이 쥐고 있는 듯한 느낌이 들었기 때문일까? 생각에 푹 빠져버리기도 전에, 우리에게 디아를 띄우라며 철수 씨가 보트를 잠시 멈춰주었다.

한국에서도 정월 대보름날 달을 쳐다보며 소원을 비는 풍습이 있기 때문에 나에겐 디아 또한 그다지 색다른 느낌이 들지 않았다. 게다가 과거 보름달을 보고 열심히 빌었던 내 소원은 모두 소용이 없었으므로 소원을 빈다는 것을 부질없는 일로 생각하는 나였다.

그래서 나는 속으로 '소원을 빈다고 소원이 이루어지겠어?' 라며 건성으로 디아를 내던졌다. 그러자 철수 씨는 깜짝 놀라며 "그러면 안 돼요. 살살 놓아야 해요. 신성한 거거든요."라고 말하며 나를 부끄럽게 만들었다.

어쨌든 형식적으로나마 이제 디아도 띄웠겠다 싶어 주위를 둘러보니, 아직 초에 불도 붙이지 못한 소미 언니와 진이가 보인다. 바람이 세게 불어서 그런가? 소미 언니는 "불이 안 붙어. 내 소원이 너무 무거운가봐." 하며 초조한 표정의 웃음을 지어보였다.

나는 그런 소미 언니의 디아를 계속 무심히 바라보고만 있었다.

잠시 후 소미 언니의 디아에는 촛불이 붙었고 조심조심 디아를 강물에 띄우는 순간, 갑자기 불어온 강바람에 언니 디아의 촛불이 꺼져버렸다.

진지하게 소원을 빌며 디아를 띄우는 사람, 그러나 메말라버린 내 감정엔 그저 하나의 형식적인 일로밖에 안 보였던 일, 그리고 그 이후에 바람이 불어 촛불이 꺼진 것, 그리고 너무나 당연하다는 듯 실

망감에 젖어 슬퍼하는 사람…. 그 모든 광경이 어우러지니 너무나 묘한 상황이 됐다.

　멀어져 가는 불 꺼진 디아를 보며 소미 언니는 내 옆에서 계속 훌쩍거리고 있었다.

"흑흑, 내 커피빈 아이스바닐라라떼. 흑흑!"

그만 멍 때리다 들어버린 그 말에 나는 보트에 주저앉아 눈물을 흘리며 웃을 수밖에 없었다.

정말 현실적인 소원이 아니던가? 그때 이후로 진이와 나는 한국에 도착할 때까지 언니의 소원은 너무 무거워서 갠지스에 사는 강가(Ganga) 여신도 품을 수 없는 거라며 놀려댔다. 우리나라에서는 그 흔한 카페와 커피가 인도에서는 구경조차 어려운 것이었으니, 강가 여신도 포기했을 거라고 말이다.

디아를 띄우고 철수 씨 보트에서 내려 숙소로 돌아가려고 할 때 엊그제 가트에서 만났던 남자 아이를 만났다. 내게 강렬한 이미지로 남았던 그 아이와 처음 만났던 날은 소미 언니와 내가 가트에 앉아 멍 때리던 날이었다.

디아를 팔려고 나온 남자 아이였는데, 문득 언니가 들고 있던 빗을 보더니 디아 바구니를 바닥에 내팽개치고 언니의 빗을 빼앗아 천연덕스럽게 머리를 빗었다. 인도 사람답지 않게 건강한 치아를 자랑하듯 씩 웃어 보이며, 이리 저리 머리를 빗고 또 빗던 그 아이. 머리는 언제 감았는지 빗이 움직이는 대로 머리카락이 고정되었다. 그 모습이 얼마나 귀여웠던지, 한국에서였다면 분명 지저분하다고 학을 떼면서 말렸겠지만 그대로 지켜볼 수밖에 없었다.

한참을 그렇게 머리 빗던 그 아이, 난데없이 빗을 빼앗아 머리를 빗더니 이제는 그 빗을 자기에게 달라고 한다. 언니가 "안 돼! 나 이거 하나밖에 없어!"라고 하자, 언제 빗을 달라고 했느냐는 듯 언니

손에 있던 스마트폰을 빼앗아 마치 자기 것인양 배터리가 다 닳을 때까지 게임을 한다.

"이제 게임 많이 했으니까, 그만 가!"라는 언니의 말에 이번엔 내 스마트폰을 뺏으려 한다. 그래서 나는 슬픈 표정으로 "내 건 배터리가 다 닳아서 안 돼."라고 말하니 그제야 언제 우리 곁으로 왔었느냐는 듯, 다시 디아 바구니를 들고 유유히 사라졌다.

그러나 나는 그렇게 사라지던 그 아이의 뒷모습에서 알 수 없는 측은함을 느꼈다. 우리에게 별것 아닌 물건이 비문명 지역에서 자란 그 아이에게는 얼마나 재미있고 신기했을까? 씩씩하다 못해 오히려 뻔뻔하게 잘 놀다가 사라진 아이였음에도 그 아이의 뒷모습은 내게 왠지 모를 슬픔을 안겨준 기억이 있었다.

그곳에 가면 사랑하고 싶어져

그래서 바라나시를 떠나기 전에 그 귀여웠던 아이를 꼭 한 번만 더 만나보고 싶었다. 그런데 이런 내 마음을 알기라도 했던 걸까? 보트에서 내리자마자 그 아이가 디아 바구니를 들고 서 있는 게 아닌가?

아이는 하루 못 본 사이 미용실에 다녀왔는지 헤어 스타일이 바뀌어 있었다. 그 모습조차 너무 귀여워 나는 짧은 영어로 그 아이에게 "뉴 헤어?"라고 말을 건넸다. 그러자 그 아이는 쑥스러운 듯 머리를 매만지며 귀여운 미소로 고개를 끄덕거렸다.

해가 저물어 어둑어둑해지던 그 시간, 아이의 바구니를 보니 3개의 디아가 남아 있었다. 이미 디아를 띄웠기에 다시 디아를 띄울 필요는 없었으나, 깜깜해진 밤에 어린아이가 3개의 디아를 다 팔지 못했다는 이유로 집으로 돌아가지 못하는 게 마음이 아파 나머지 3개의 디아를 다 사주었다. 그래봤자 15루피, 한화로 300원이었다.

나는 그 아이에게 말했다.

"어서 빨리 집으로 가. 밤늦게 다니는 거 위험해. 알았지? 빨리 집으로 가. 당장!"

아이는 내 말이 끝나는 동시에 무슨 말이라도 하고 싶어 하는 눈동자를 뒤로한 채 재빨리 집으로 향했다. 한국에서는 가난한 이들을 보며 마음이 아파도 도와줄 방법이 없었지만 인도에서는 겨우 300원에 어린아이를 도울 수 있어서 행복했다.

'자, 그럼 이제 남은 디아를 띄워볼까? 그런데 어떤 소원을 빌지?

역시 소원이 없었다. 그 순간만큼은 내게 커피빈 아이스바닐라라

떼도 필요하지 않았다. 뭐 당장에 마실 수 있는 것도 아니기에, 그저 그 순간만큼은 내게 디아를 판 아이의 삶이 조금이라도 더 나아지기를 바라고, 집으로 무사히 돌아가길 바랐다.

디아를 띄우러 강변으로 가 불을 붙였다. 제법 거센 바람 속에서도 불은 잘 붙었고 '모든 것이 순리대로 이루어지게 하소서!' 라며 소원 아닌 희망을 되뇌며 무려 3개의 디아를 강물 위로 던졌다.

그런 내 모습을 보고 역시나 2명의 꼬마아이들이 나를 노려보며 "노!! 노!! 던지면 안 돼요! 경건히 빌며 떠내려 보내야 해요."라고 두 손을 모으는 시늉으로 나를 훈계했다.

철수 씨에 이어 꼬마아이들까지, 무안해진 나는 "쏘리."라는 사과의 말과 함께 그 자리에 멈춰 짧은 사색에 빠졌다.

'인도인들은 참 순수하구나. 참 맑고 신에 대한 존경심이 깊고.'

그들 문화권에 들어와 그들 문화를 체험하면서도, 그들 문화에 동조하지 못할 만큼 순수함을 잃어버린 내가 한없이 미워졌다.

이뤄지지 않을까봐 지레 겁먹고 미리 빌지 않는 소원….

'나는 그렇게 살아왔구나. 어느 순간부터 이렇게 되어버린 걸까.'

나도 모르게 가슴이 먹먹해졌다.

다음날 아침, 나는 인도 사람도 놀랄 만큼 빠른 발걸음으로 골목길을 걸어, 라씨 가게에서 플레인라씨(Plain lassi) 두 잔을 테이크아웃해 숙소로 돌아가고 있었다. 라씨 한 잔만 달라는 십여 명의 뻔뻔한 인도 사람들에게 콧방귀를 뀌며 라씨를 들고 가던 그때, 길에서 교복을 멋지게 빼입고 등교하던 그 아이를 만났다.

어젯밤 내가 나머지 3개의 디아를 사준 '뉴 헤어', 그 아이였다. 처음 그 아이를 본 순간 난 뒤통수를 한 대 맞은 느낌이었다. 아이의 옷차림은 멀쩡한 집 아들이 아닌가? 뭐 그 사정이야 알 수 없는 바, 그래도 학교를 다닐 수 있는 환경이라 다행이다 싶어 까닭모를 웃음이 나왔다. 그래도 어젯밤 잠시나마 내가 디아를 띄우며 걱정했던 그 아이의 가정환경 문제는 풀렸으니 말이다.

그날 이후로 나는 디아를 다시 바라보게 되었다. 남을 위해 소원을 빌어줄 때 불이 활활 붙어준 내 디아가 정말 이치에 맞는 것 같았다. 실제로 내가 빈 소원은 아니었지만, 훗날 나는 우리 셋 중에서 유일하게 커피빈 아이스바닐라라떼를 마실 수 있었다. 그것도 인도에서 말이다.

당시 바닐라라떼를 마시면서 난 이런 생각이 들었다. 내게 소원의 의미를 제대로 알려주기 위해 강가의 여신이 소미 언니 소원을 내게 대신 전해준 것이라고 말이다. 생각이 거기까지 미치자 절로 미소가 지어졌다. 제법 인도스런 강가 여신 아닌가.

43

언젠간 소망하는 일은 이루어질 것이라고.
그래서 적어도 소망을 이룰 수 있도록 노력은 해야겠다고,
나약한 내 마음에 불을 지펴 강가의 여신에게 전달해준 디아에게
감사하는 마음을 전한다.

이마에
적혀
있어

바라나시에 도착해 갠지스 강변을 따라 아시가트(Assi Ghat)로 처음 걸어간 날, 나는 인도에서 처음으로 구입한 쪼리 슬리퍼를 신고 있었다. 한적한 아시가트가 사색에 잠기기 좋다는 사람들의 이야길 많이 들어 왔던 터라, 도대체 어떤 분위기일까 궁금해서 그곳에 가 보기로 했다.

아시가트 쪽으로 걸어갈수록 점점 조용하고 한적한 분위기가 펼쳐졌고, 조금은 상쾌한 냄새에 마치 바닷가에 놀러가는 듯한 기분까지 들었다. 불과 얼마 떨어지지 않는 곳에 화장터로 이용되는 마니카르니카가트가 있다는 건 도저히 상상도 못할 그런 광경이었다.

아시가트에는 나름 괜찮아 보이는 가게들도 제법 있었고, 특히 에스프레소 기계까지 구비해 놓은 카페와 피자 전문 레스토랑까지 있어 처음 본 순간 내 입가엔 흡족한 미소가 지어졌다.

'매일매일 여기에 와야겠다!'

일단 에스프레소 기계가 있는 카페에 들어가 아메리카노 한 잔을 주문했다. 반신반의하며 입에 대는 순간, 정말 아메리카노 맛이었다. 그동안 맛봤던 밍밍하고 쓰디쓰기만 한 인도

커피의 맛이 아니었다. 너무 오랜만에 맛보는 터라 행복한 나머지 정신 나간 여자처럼 실실대고 웃었다.

한참 지난 후에야 유리창 밖으로 느껴지는 외국인의 이상한 시선으로 알아차릴 수 있었다. 그렇게 행복함을 느끼고 민망함에 카페를 나서는 순간 갑자기 나의 인도산 쪼리가 "탁" 하는 소리와 함께 끊어지고 말았다.

아메리카노를 마시는 일이 천국 같았다면, 쪼리가 끊어진 순간부터 나는 지옥을 체험할 수 있었다. 마치 세상이 무너진 것만 같은 공포감에 그 자리에 '얼음' 하고 서 있을 수밖에 없었다. 앞으로 펼쳐질 상황이 정말 두려웠기 때문이다.

아무리 고요하고 평화로운 아시가트일지라도 똥더미와 오물로 뒤덮여 있어 쪼리를 벗고 가기엔 불가능했기 때문이었다. 패닉상태에 빠진 나는 이도저도 못하고 한참을 서 있다가 혹시나 신발가게가 있나 하는 마음에 주변 상점을 살펴봤으나 역시나 전혀 없었다.

　한참 동안이나 멍하니 서 있는 외국인이 신기했는지 인도 사람들의 시선은 이미 나를 향한 지 오래였다. 설상가상으로 신발이 없어 맨발로 걷지 못하는 내가 웃겼는지 나를 구경하는 사람도 많이 늘어났다.

　나는 그런 불편한 시선 속에서 끊어진 쪼리를 발바닥의 힘으로 누른 채 억지로 질질 끌며 십여 미터를 끌고 나갔다. 십 미터 정도 걸었을 때 이 상태로는 도저히 숙소로 돌아갈 수 없다는 걸 본능적으로 알았다. 또한 숙소까지 그 먼 거리를 맨발로 걷는다는 것도 무리라는 생각에 '인디아 퀄리티'하며 분개심을 드러냈다.

정말 별일 아닌 일에 눈앞에 보이는 오물과 소똥더미들을 보자니 내가 처한 상황이 너무나 절망스러워 스트레스성 편두통이 내 관자놀이를 지끈지끈 자극하기 시작했다.

'어쩌지?…'

쪼리가 끊어질 때부터 지켜보던 네 살가량의 여자아이 두 명이 내가 많이 우스웠는지 나를 구경하러 따라나서 어느새 내 바로 앞에서 수줍은 미소를 지으며 두 손으로 입을 가리며 정말이지 키득키득 웃고 있었다.

'이런 젠장. 어린아이까지 나를 놀리다니.'

비참하고 비통해진 나는 애써 괜찮은 척, 절망적으로 울고 있는 마음을 숨기고 애써 괜찮은 척을 한다고 하는데 정말이지 속에서는 울화가 치밀었다.

그 순간, 내 노트에 달린 고무줄에 내 눈이 번쩍 뜨였다.

'살았다!' 싶은 마음에 내 표정은 금방 환희에 젖었다.

그런 나를 지켜보고 웃던 그 여자아이 두 명이 내 앞에 와 수군대기 시작했다. 그 말이 마치 한국말로 들리는 것 같았다. 아마도 내 고무줄로 쪼리를 고쳐주고 돈을 받자는 심산이었던 것 같다.

그 여자아이 둘은 표정으로 다 드러나는 대화를 마친 후, 몸을 비비꼬며 멋쩍은 듯 나에게 말을 걸었다.
"그 신발이요…."

이미 짐작을 했기 때문에
아이들에게 장난치고 싶은 마음에
나는 다 안다는 표정의 미소를 지으며,

"고무줄 주면 고쳐준다고? 괜찮아! 다 들었어. 너희가 하는 말."
일부러 놀려주듯 씩 웃어주었다.

마음을 다 들켜서 창피한 나머지 몸을 옆으로 살짝 비비꼰 후 쑥스럽게 웃는 여자아이 둘.
그러고 나서는 창피한 나머지 뒤로 내뺀다.
나는 그 귀엽고 발칙한 아이들을 보며 나도 모르게 말했다
"바보. 이마에 다 적혀 있잖아. 풋."

나는 그렇게 내게 너무나 고마운 고무줄을 내 발등과 망가진 쪼리에 묶고 사이클릭샤를 타고 게스트하우스로 향했다.
뻔뻔하지만 티없이 맑은 태연함을 자랑하는 여자아이 둘의 얼굴을 생각하니 어쩌나 우스운지 숙소로 돌아가는 내내 혼자 입가에 미소를 가득 품었다.
어린 시절 들었던 "이마에 다 적혀 있어."라는 어른들의 말이 떠

올라 더욱 우스웠다.

가는 도중 나를 위해 신발 수선집에 잠시 들려준 릭샤왈라의 정성에 감동해 인디아 퀄리티로 야기된 분노를 삭일 수 있었다.

꼬마 아이들은 내게 사기 아닌 사기를 치러 왔지만, 그 영혼이 너무나 순수해 시도하기도 전에 들통나 버렸다. 아직도 그들의 키득대는 미소가 눈에 훤하지만, 도움을 빙자한 사기는 나쁜 것이라고 다음에 만나면 따끔하게 일러줘야겠다.

하지만 그럼에도 눈앞에 다가온 귀여움과 순수함 때문에 나도 같이 순수한 사람이 될 수밖에 없었으니…. 아이들의 천진난만함은 어른들에게 미소를 짓게 한다.

사람은 사람에게 참 많은 영향을 미친다.
사람이 사람을 나쁘게 하기도 하고
사람이 사람을 좋게 만들기도 한다.

사람이 사람을 사랑하게 하기도 하고
사람이 사람을 주저하게 하기도 한다.

당신은 어떤 사람이십니까?
당신의 이마에는 무엇이 적혀 있나요?

그곳에 가면 사랑하고 싶어져

아메바
되기

인도 땅에 떨어지기 전까지 나는 완벽주의자적 삶을 추구했다. 물론 완벽하지 않을 바엔 차라리 포기해버리는 나약한 심성도 동시에 갖고 있었다. 그러나 무슨 일을 준비하는데 항상 완벽을 추구했기 때문에 내 머릿속은 언제나 여러 가지 생각들로 붐벼 멈춰 있던 적이 없었다. 그런 나였기에 나는 항상 피곤한 일상 속에서 살았다.

한국에서 대학생의 삶이란 그랬던 것 같다. 막막한 미래에 대한 끝없는 걱정, 제법 괜찮은 배우자를 찾기 위한 고민, 당장 눈앞에 보이는 학점에 대한 걱정, 남들에게 져서는 살아남을 수 없다는 경쟁의식, 날로 기울어 희망조차 보이지 않는 암울한 경제 상황, 그리고 이상한 스펙 쌓기와 피곤하기 그지없는 사람들 시선 속에 동화되기까지…. 모든 게 완벽해야 했다. 그렇지 않으면 사는 게 불가능하니까….

한국에서의 내 삶이 그랬던지라 나도 모르게 여러 생각을 습관적으로 하고 있는 건 어쩔 수가 없었다. 그래서인지 아무것도 그려지지 않는 인도에서 나는 참 막막했다. 그러나 그렇게 2~3일 정도 이곳에서 생활하다 보니 하나 둘씩 생각이 사라지기 시작했다.

일단 인도에서 움직이려면 생각을 버려야 했다. 아니 생각을 버릴 수밖에 없었다. 그것밖에는 선택의 여지가 없었으니 말이다. 당장 눈앞에 오물이 있는지 없는지, 개는 누워 있는지 아닌지, 흙탕물은 안 고여 있는지, 오토바이나 릭샤가 내 옆으로 지나가는지 아닌지 등 바로 눈앞에 처한 상황들을 알아야 움직일 수 있기 때문이다. 그러기에 자연스럽게 생각은 줄어들었고 생각이 줄어들었을 때 나는 점차 자유인이 되기 시작했다.

아직까지 인도는 치안이 불안해 저녁이 되면 참 위험한 곳이다. 그래서 나는 항상 7시 정도에 숙소로 돌아왔고 책도 텔레비전도 없는 숙소에서 할 수 있는 건 오직 잠을 자는 일뿐이었다. 그래도 한가한 시간이 찾아왔기에 사색할 수 있는 겨를도 주어졌다. 그러나 막상 생각할 여유가 주어지자 딱히 생각할 것들이 없었다. 무지의 상태라고나 할까?

가장 먼저 머릿속에 든 생각은 '내일 아침은 어디 가서 뭘 먹지?'라는 것이고, 그 다음은 '어떻게 하면 일찍 잠들어 깊이 자고 늦게 일어날 수 있을까?' 하는 본능적인 생각뿐이었다. 한마디로 내 눈앞에 주어진 과제에 대한 생각이 아니라 그저 먹고 자는 단순한 의식주만 생각하게 되었다. 그런 단순한 생각들 말고 굳이 하나 더 보태자면, 여행하다가 인도 사람에게 사기를 당하면 멱살을 잡아 줄 것이라는 결코 실행하지 못할 대담한 생각까지, 딱 거기까지였다.

창문과 문을 굳게 닫은 내 방에서도 인도 특유의 부산스럽고 시끄러운 소리가 들려와 호기심에 상상의 밤을 펼칠 수밖에 없었기 때문이다.

그렇게 하루, 이틀 시간이 흐르면서 나는 아메바가 되었다. 아메바가 된 이후로는 아무런 편견과 선입관, 잣대 없이 사물이나 사람을 있는 그대로 바라보게 되었고, 어떠한 이상함이나 의문도 생기지 않았다. 그러자 마음이 편해졌고, 타인의 시선에서 자유로워지기 시작했다.

나도 몰랐던 자유가 생겼고, 나는 자유롭게 사고하는 사람이 되었다. 사람이 자유롭게 사고할 수 있게 된다는 것이 너무나 신기했지만 그것 또한 의식하지 못할 정도로 나는 자유로운 사람이 되어 있었다.

진짜
성자

맛있는 아메리카노를 마시기 위해 아시가트 쪽으로 걸어
가고 있었다. 아시가트로 가는 길에는 유난히 소들이 많아 소똥들도
참 많다. 그래서 그쪽으로 가는 사람들이 모두 똥을 피해 걷다보니,
마치 북한산 등산하듯 같은 길을 따라 앞사람 뒤를 따라간다. 진이와
나도 똥들을 피해 앞 사람을 따라 걸어가고 있었다.

그렇게 아시가트로 가던 중, 긴 흰수염에 주황색 터번을 머리에
두르고, 마치 기저귀처럼 생긴 천인 도티(Dhoti)를 허름하게 달랑 걸
친 채 기다란 나무막대기를 든 삐삐 마른 사두(Sadu · 힌두교 수행자) 할
아버지를 만났다. 이른 아침 가트에 나가면 흔히 볼 수 있는 그런 사
두 할아버지였다. 여러 번 봐서 낯설지는 않았지만 그래도 일반인과
는 조금 다른 행색에 경계심이 생겼다.

다샤스와메트가트에서 아시가트까지는 20~30분 정도 걸어가야
하는 은근히 먼 길이다. 그런데 걷다보니 은연중 그 사두 할아버지
와 동행하고 있다는 느낌이 들었다. 이상한 행동을 하는 사두에 대한

이야기들을 워낙 많이 들었던 터라 갑자기 이상한 생각이 들었다.

"진이야 왠지 저 할아버지 우리랑 같이 가는 거 같지 않니?

"언니, 저도 그렇게 생각했어요. 뭔가 이상해요."

진이에 대답에 내 기분이 그냥 이상해서 느껴지는 게 아니라는 확신이 들었다.

그러나 혹시 아닐 수도 있으니까 우리는 할아버지를 먼저 보내고 뒤에서 걸어 가보자고 했다. 그렇게 잠시 멈추자 할아버지는 아무 일 없다는 듯이 걸어가는 것이었다. 물론 잠깐 눈이 마주쳤지만 그냥 지나가는 할아버지를 보고 착각했구나 하는 생각에 미안해졌다. 그리

고 이제 다시 걸어갈까 할 무렵, 그 할아버지가 저기 앞에서 우릴 바라보고 멈춰서 있는 게 아닌가? 설마 아닐 거라는 생각에 다시 걷자 할아버지도 걷기 시작한다. 우리가 조금 천천히 걷자 할아버지도 따라서 멈춘다.

그래서 불안해진 나와 진이는 더 빨리 걸어가면 괜찮을 거라 생각하고 잰걸음으로 할아버지를 지나쳤다. 그러나 할아버지는 어느 순간 또다시 우리 옆으로 다가와 있었다. 그렇게 한 20여 분을 걷자 나는 공포에 휩싸였다. 이 이상한 할아버지가 갑자기 우리를 갠지스 강으로 밀어버릴 수도 있다는 두려움까지 들었기 때문이다. 그렇게 공포심에 휩싸여 걷기를 수분여, 드디어 100여 미터 앞에 목적지인 아시가트가 보였다.

나와 진이는 아시가트에 있는 카페에 들어가면 되겠다며 할아버지를 피할 생각을 하고 있는데, 그 급박한 상황에서도 가트 아래 갠지스 강 주변에서 와자지껄 모래성을 쌓고 놀고 있는 인도 아이들이 눈에 들어왔다. 그러나 아이들이 가지고 노는 모래가 뭔가 이상해 보여 살펴보다 내 입에서는 작은 비명이 터져 나왔다. 그 아이들은 모래가 아니라 소똥으로 성 만들기를 하고 있었던 것이다.

똥!

똥!

똥!

그렇게 우리가 피해왔던 소똥으로 성 만들기 놀이를 하는 아이들을 보고 패닉에 빠지려는 순간, 갑자기 개중 몇몇 아이가 손에 들고 있는 똥을 우리 쪽으로 던지기 시작했다. 겁에 질려 얼굴이 새파랗게 변한 나는 두 팔로 내 얼굴을 막기 급급했다. 바로 그때 그 사두 할아버지가 아이들에게 지팡이를 휘두르며 뭐라 뭐라 혼내는 것이었다. 그리고 나서 너희들한테 던지는 거 아니라면서 부드러운 표정으로 우리를 바라보며 손짓으로 얼른 지나가라고 도와 주셨다.

우리는 쓸데없이 할아버지를 오해했다는 생각에 너무나 미안해졌고, 한편으로 우리를 지켜주기 위해 아시가트까지 걸어와 준 할아버지에게 매우 고맙다는 생각이 들었다. 그래서 할아버지에게 답례라도 하고 싶은 마음과 한편으로는 크게 오해했던 미안한 마음에 미약하나마 저녁이라도 대접하고 싶어 할아버지를 급히 찾았지만 할아버지를 찾을 수 없었다.

나와 진이는 다음날부터 각자 할아버지를 찾으러 가트를 수색하고 다녔다. 하지만 비슷하게 생긴 할아버지들만 잔뜩 만날 수 있었을 뿐 정작 그 할아버지는 보이지 않았다. 비슷하게 생긴 할아버지들은 우리를 만나면 먹을 걸 사먹게 돈을 달라고 손을 입에 가져가 '냠냠' 하는 시늉만 했을 뿐, 그 할아버지처럼 어쩐지 해탈한 느낌은 전혀 풍기지 않았다. 할아버지를 만나면 그럴싸하게 고기(뭐 그래봤자 콩고기겠지만)가 담긴 저녁을 대접하리라 다짐하면서 할아버지를 찾았지만, 끝내 찾지 못하고 숙소로 아쉬운 발걸음을 돌렸다.

다음 날 보나카페 사장님과 얘기를 나누다가 우리가 찾던 그 할아버지가 그 지방에서 성자로 불리고 있다는 사실을 알게 되었다. 성자 할아버지를 만난 행운에 감동하며 한때나마 고기를 대접하겠다고 다짐했던 내 어리석음에 식은땀을 흘리며 미안한 마음이 들었다. 만일 내게 행운이 있어 다시 한 번 성자 할아버지를 만나게 되면 고마웠노라고 감사하며 꼭 짜이라도 대접하리라!

비즈니스의
달인

생각이 깊어진 어느 날, 나와 진이는 화장터 주변 가트에 앉아 이야기를 나누고 있었다. 스스로 잘 살고 있다고 믿으며 위안으로 삼던 날들이 사실 내가 원했던 방향에서 어긋나 있음을 깨닫고 조금이라도 바뀐 나를 마주했을 때 온 상실감과 충격은 내게 이루 말할 수 없는 슬픔을 안겨 주었다.

사람은 본디 외로운 존재인지라 누군가와 대화를 하며 자기감정을 나눌 때 위로를 받는다. 그래서 그날은 조용히 진이와 이야기하며 보내고 싶었다. 눈물이 앞을 가렸고 그만 울고 싶었는데도 눈물이 주룩주룩 났다. 그런 내 모습을 보고 남의 일에 관심 많고 오지랖 넓은 인도 사람들도 모른 척하고 지나가 줬고, 장사꾼 또한 자리를 비켜주었다.

시간이 얼마나 지났을까? 기분이 조금은 가라앉아 눈물이 조금은 말랐을 때, 한 여자가 빈디(Bindi · 이마에 그리는 인도의 전통 장식) 스티커를 들고 우리 앞에 서 있었다.

"뚜웬띠(20) 루피~ 뚜웬띠 루피~"

　　조금 애교스럽고 징징되는 것 같으면서도 가련한 목소리에 고개를 들어보니, 얼굴과 몸에 화상을 잔뜩 입은 서른 살 정도로 보이는 여자가 서 있었다. 눈길을 돌리고 싶을 정도로 징그러운 그 여자의 모습이 가뜩이나 슬펐던 내 마음을 더 아프게 했다.

　　난 여행을 하면서 인도에서 여성의 삶, 더더욱 천민 여성의 삶을 어렴풋이나마 깨닫고 있었기 때문에 마음이 더욱 아파왔다. 보수적인 인도 사회에서는 여성이 일을 하는 것은 암묵적으로 금지되어 있다. 그렇기 때문에 정말 많이 배운 최상위 계층이거나 아니면 당장 먹고살 일이 급급한 불가촉천민이 아닌 이상 일을 하는 여자를 찾는 건 매우 어렵다. 그래서인지 같은 여성으로서, 또 사람으로서 연민의 정이 느껴졌고, 나는 그 여성보다 좋은 곳에서 태어나 편하게 자랐다는 생각에 죄책감마저 들었다.

진이는 화상을 입은 자기 할머니가 떠오른다며 그 여성이 팔고 있는 빈디 스티커를 사주었다. 그러나 그 여성은 자리를 떠나지 않고 가방을 열고 다른 물건을 꺼내 진이 손등에 도장을 찍기 시작했다.

"나 이거 안 살 건데"하는 진이의 말에 "노 머니~ 노 머니~"를 외치는 그녀.

뭔가 싶어서 살펴보니, 며칠 전 내가 동생에게 주려고 인도 아이들에게 100루피를 주고 구입한 색도장이었다. 신기해서 얼마냐고 되묻는 진이에게 "삐푸띠(50) 루피~"라고 가격을 말해준다.

여자의 입에서 가격을 듣는 순간, 나는 꼬마아이들에게 바가지를 썼구나 싶어 혼자 실실 웃을 수밖에 없었다. 아이들을 좋아하는 내게 인도 꼬마들은 매번 실망시키지 않고 내게 기대 이상의 웃음을 선사해 줬다. 그래서 가끔 아이들을 만나러 일부러 가트에 가서 앉아 있곤 했으니 말이다. 아무튼 꼬마아이들에게 바가지를 쓴 나는 진이에게 이 색도장을 100루피에 샀다며 어이없는 웃음을 지어 보였다.

내 말에 두 눈이 휘둥그레지는 진이. 진이는 평소에는 평정심을 잘 유지하는 똑똑한 동생이었으나 가끔 물건을 살 때는 평정심이 사라지곤 했다. 심지어 어느 날 옷가게에 들어가 자기 필통과 옷을 교환하려 한 적도 있었으니 말이다. 뭐 인도는 쇼핑의 천국이니 그럴 수도 있겠다 싶어 이해하고 말았지만….

내 말이 끝나자마자 "언니, 그럼 전 이걸 사야겠네요."라고 말하는 진이. 밑질 것도 없다는 내 말에 그 여자의 물건을 사기로 결심했는지 주머니에서 꼬깃꼬깃한 루피화 지폐들을 꺼낸다. 불과 30분 전만 해도 이제부터 돈을 아껴쓰자고 했던 우리들인데….

주머니에서 루피를 꺼낸 든 진이가 갑자기 여자에게 "50루피 맞지? 이 언니는 100루피 주고 샀대."라고 말했다. 그러자 그 여자는 갑자기 "쎄븐띠(70) 루피!" 하고 외치기 시작한다.

조금 전까지 흥정했던 가격도 아무렇지 않게 바꿀 수 있는 그녀의 상술에 벙찐 나는 그 상황이 어찌나 재밌던지 깔깔대고 웃었고, 여자는 자신이 생각해도 그 상황이 우스웠는지 따라 웃기 시작했다. 그러면서도 여전히 뻔뻔함을 잃지 않고 70루피를 외쳐댔다.

당황한 진이는 "아까 50루피라고 했잖아. 50루피에 줘. 안 그럼 나 안 살거야."라고 항변했으나 너무 늦어버렸다. 여자는 안 된다는 단호한 눈빛으로 "여기 있는 언니는 100루피에 샀다며 70루피면 싸게 주는 거니까 그냥 사줘!"라면서 생떼를 부리기 시작했다. 순식간에 20루피나 더 부르는 여자 때문에 얼마나 약이 오르던지. 한국 돈으로 계산해보면 겨우 350원 정도밖에 안 되는 적은 돈임에도 그 순간만큼은 당하기 싫다며 진이는 꼭 다시 50루피로 되돌려놓겠다고 마음을 먹었다.

하지만 한참 동안 실랑이를 하다 지친 진이가 마지못해 60루피를 부르자 그제야 여자가 알겠다며 물건을 싸주었다. 그러나 분개한 진이는 마지막으로 "50루피!"라며 50루피만 건넸다. 그러자 여자는 여자대로 지치지 않았다는 듯이 "씩스띠(60) 루피 줘~ 텐(10)루피만 더

쥐~"라며 불쌍한 표정을 지었고, 지쳐버린 진이는 그냥 10루피를 더 건네 총 60루피에 힘들게 색도장을 가질 수 있었다.

우울하고 심란한 와중에 등장한 그녀는 처음에는 내게 연민과 죄책감을 줬다. 하지만 짧은 시간에 벌어졌던 해프닝으로 서로 웃음을 공유하고 그 짧은 시간에 정까지 들게 했다. 같은 공간에 다른 공기를 내쉬며 사는 사람이 같은 감정을 가질 수 있는 곳. 그곳이 바로 인도다.

바닥으로

나는 덜컹거리는 기차 안에서 창문으로 끊임없이 들어오는 모래 먼지를 피하기 위해 마스크와 모자로 무장한 채 침낭이라는 나만의 벙커에 숨어 3층 어퍼(Upper)시트에 누워 있었다. 기차에서 파는 인도 음식을 먹기 힘들어, 가방 깊숙이 모셔둔 초코바를 꺼내 먹고 또 지나가는 장사꾼에게서 짜이(Chai)도 한잔 사서 마셨다.

그렇게 먹고 나니 쓰레기가 생겼다. 예전부터 쓰레기라면 항상 빨리 쓰레기통에 버려야 한다고 생각했던 나는 쓰레기를 빨리 해치우고 싶은 욕구에 아무 것도 할 수가 없었다. 뭐 초코바 비닐이야 주머니에 넣으면 그만이지만, 짜이를 마신 종이컵엔 끈적끈적한 짜이 흔적이 남아 있어 주머니에 넣을 수도 없었다. 그래서 어디에 버리나 두리번거리고 있는데 인도 남자가 나를 부른다.

　"이봐요. 그거 나 줘요."

　"네?"

　"나 달라고요."

　뜬금없이 나를 부르더니 쓰레기를 달라는 인도 남자.

　정말이지 의아했다. 하필 다른 것도 아니고 쓰레기를 달라니.

　멍해진 나는 왜 쓰레기를 달라는 걸까 잠시 생각해봤지만 역시 알 수가 없다.

　나를 향해 손을 쭉 뻗는 인도 남자. 조금 미안했고 조금 망설여졌지만 나는 호기심의 눈빛으로 그에게 쓰레기를 건넸다. 쓰레기를 받자마자 나를 보고 싱긋 웃으며 열린 창문 밖으로 휙 하고 쓰레기를 던지는 인도 남자. 나는 예상치 못한 그의 행동에 너무나 놀라고 당황했다.

　상황 파악이 안 됐지만 약 1초 후 너무 어이가 없어 "하하하하하" 하며 큰소리로 웃어댔다.

　내가 당황하고 어리둥절해하다가 갑자기 큰소리로 웃자 그들도 재미있었는지 "하하하" 하고 같이 웃는다.

　'정말 이래도 되나?' 싶어 바닥으로 내려가 얼른 창밖을 내다보니 기찻길 따라 옆으로 쭉 버려져 있는 쓰레기로드를 볼 수 있었다.

　그제서야, 아… 여기가 인도구나… 싶었다.

　한국에선 지구가 아파할까봐 쓰레기 하나 버릴 때도 꼭 쓰레기통을 찾아가 버리곤 했는데 이곳은 어떻게 쓰레기통 하나 제대로 없는지….

바닥은 이들에게 무한한 쓰레기통인가?

마치 물감으로 그린 풍경화 같은 경치에

어울리지 않게 길게 늘어선 쓰레기 길이라….

　마음이 아프기도 하고 우습기도 하고, 그저 기차가 지나가는 철로를 따라 쓰레기들이 머물러 있어 마치 흰 도화지에 검은 점을 찍어놓은 느낌이랄까? 더럽고 이상한 기차 안과는 달리 너무 평온하고 멋있는 그림 같은 기차 밖 세상. 여행자인 우리는 그것도 망각한 채 쓰레기 같은 기차에서 아름다운 곳으로 쓰레기를 버리며 지나가고 있었다. 그들은 그게 당연했고 그게 생활이었고, 그게 삶이었으며 그들은 그게 재미였다. 하늘에서 바라보면 어떤 모습일까? 아마 옆으로 나란히 보았을 땐 풍경화겠지만, 하늘에서 내려 봤을 때는 자연을 사랑하자는 포스터가 되진 않을지….

　'한 번이 어렵지, 두 번은 어렵지 않다.' 라는 말처럼 인도인들이 쓰레기를 창밖으로 던진다는 걸 알게 되자 인도 사람들이 창밖으로 쓰레기 버리는 모습을 어렵지 않게 계속 볼 수 있었다. 너무나 당연하다는 듯이 휙휙 던지는 것을….

그래서일까? 시간이 얼마 지나지 않아 다른 시선에 아랑곳하지 않고 기차 바닥이건, 길거리건 어디인지 상관없이 쓰레기를 버리는 내 모습을 발견할 수 있었다. 이래서 환경이 참 중요하구나, 습관이라는 게 무시할 수 없는 거구나 싶었다.

인도의 기찻길 옆으로는 사막과 드넓은 초원이 끝없이 펼쳐진다. 긴 기찻길을 보다보면 집 없는 사람들이 10미터 간격으로 누더기를 걸치고 허름하게 만든 집에서 살고 있는 것도 볼 수 있다. 정말 문도 제대로 없는 집. 나뭇가지에 누더기를 걸쳐 집을 만들어 생활한다. 기찻길을 따라 이어지는 쓰레기를 주워 사용한다는 사람들. 그래서 그들은 기찻길 주변에 산다고 한다. 사람들이 버린 음식을 주워 먹는 다든지 쓰레기로 불을 때며 문 없이 뚫린 집에서 추위를 달래며 산다. 우리에게는 하찮고, 필요 없고, 지저분해서 밑으로 버려지는 쓰레기들. 더 이상 쓸모없고 하찮은 그 쓰레기 밑에 사는 사람들이 있다. 그 쓰레기가 아니면 살 수 없는 사람들이 있다.

기차에 빼곡히 앉은 여행자들, 뭐 당연히 인도 사람이 훨씬 많다. 여긴 인도니까. 아무튼 그들과 있다 보면 재밌는 일들이 눈에 보인다. 일단 서로 신기하니까 구경한다. 가만히 지켜보면 그들은 뭐든지 다 바닥으로 버린다. 먹다 흘린 음식은 말할 것도 없고 작은 먼지와 티끌까지 모두 버린다. 뭐 간혹 큰 쓰레기들은 창밖으로 던진다.

모든 걸 바닥으로 버린다.
모든 건 바닥으로 가게 되어 있나보다.
위로 던져도 바닥으로 내려올 테니 말이다.

신체 부위에서 발을 가장 하찮게 여기는 인도인들은 신발도 굉장히 더럽게 생각한다고 한다. 그래서 신발로 얻어맞는 것을 가장 수치스럽게 여긴다. 이들에게 필요 없고 더러운 건 다 밑으로 가게 되어 있다. 자기 발 또한 더럽고 하찮기에 아래에 있는 건 모두 하찮다. 그런데 그렇게 기차에 타는 사람들은 거의 인도의 하층민이다. 참 아이러니하다. 아래에 살면서 아래에 있는 건 하찮다고 여기고, 또 그보다 아래에 아래가 없으면 살 수 없는 사람이 존재한다는 것이.

쓰레기 길을 생활터전으로 쓰레기를 간절하게 필요로 하는 사람들이 있다는 사실을 알고 난 후부터 나는 애초에 쓰레기를 버린다는 미안함을 뒤로 하고 먹을 수 있는 것과 사용할 수 있는 것 몇 개를 바닥으로 던지곤 했다. 그것도 인도의 일부니까… 인도인의 삶에서 그 누군가에겐 필요한 것이 될 테니까.

외국인의 관점에서 본 인도는 모든 게 혼재되어 있고 위와 아래가 없다. 그러나 그들 눈에는 위아래가 있다. 그래서 아이러니하지만 아이러니가 없는 게 인도다. 계속해서 모든 걸 아래로 버린다. 아래에 있는 건 치우지도 않는다. 그런데 아래에 있는 더러운 것이 꼭 있어야 하는 사람들도 있다. 그래서 그들에겐 더 이상 아이러니가 없다. 그러나 사실 아이러니한 게 없어야 맞는 인생에 우리야말로 아이러니를 살고 있다. 세상엔 바닥이 없다. 우리가 만든 바닥만 있을 뿐.

그곳에 가면 사랑하고 싶어져

윤회

바라나시에 머물던 어느 날, 허기진 내 위가 걱정이 돼 내 두 다리에게 조금 멀리 있는 한국 음식점을 가도 되겠느냐고 물은 후 가트를 지나 열심히 걸어 한국 음식점으로 향했다.

음식점에 도착해 비빔밥을 주문한 후 주문한 음식이 빨리 나오기를 학수고대하며 식당 내부를 둘러보고 있던 그때, 창가에서 소란스럽게 외치는 소리가 들렸다. 나는 무슨 재미난 일이라도 벌어진 줄 알고 창가로 뛰어갔다. 평소라면 귀찮아서 그냥 그런가보다 하고 관심도 갖지 않았을 텐데 그날만큼은 이상하리만큼 궁금했었나 보다.

　　그렇게 뛰어간 창가에서 나는 한없이 멍해질 수밖에 없었다. 바로
시신을 어깨에 멘 채 "람람 싸드야헤(라마신은 알고 계신다)."를 외치며
화장터로 향하는 사람들을 볼 수 있었기 때문이었다. 시신은 화려한
주황색 천에 뒤덮여 실루엣만 보이고 위에는 각종 꽃과 금색 수를
놓은 천으로 화려하게 장식되어 있었다. 왜 그게 궁금해서 뛰어갔는

지 내 자신이 참 미워졌다. 주문한 음식이 곧 나왔지만 나는 예기치 못한 장면을 마주한 사실에 속이 울렁거려 많이 먹을 수 없었다.

그리고 그 며칠 뒤, 보트를 타고 화장터 가트 주변으로 가게 되었을 때 코를 찌르는 시체 타는 냄새를 맡을 수 있었다. 마치 오징어 굽는 냄새 같은, 아니 그것보다 더 찝찝한 냄새…. 아무튼 내 눈앞에는 어제까지만 해도 살아 숨 쉬던 사람이 숨이 떨어져 불에 타고 있는 모습이 보였다. 난 고개를 숙여 내 살갗을 바라보며, '삶이란 빈손으로 왔다가 빈손으로 돌아가는 것이구나.' 라는 생각을 하게 되었다.

연거푸 그런 사건을 접하다보니 그날 이후 밤마다 죽음에 대해 진지하게 생각을 할 수밖에 없었다. 그렇게 며칠 동안 정신을 못 차리며 죽음에 대해 생각했기 때문에 나는 조금 우울해졌다. 그래서 더 이상 굳이 화장터에 가서 죽은 시체가 타들어가는 장면을 볼 필요까지는 없다고 결론을 내렸다. 그러나 그렇게 결론을 내렸지만 바라나시에 머무는 동안에는 나도 모를 죄책감이 들었다.

가트 한편에선 사람이 죽어 시체가 타고 있는데, 1킬로미터도 떨어져 있지 않은 곳에서 웃음 짓고 있는 내 모습이 마땅찮아 끝내 가트에 가야 할 것 같은 기분을 떨쳐 버릴 수 없었다. 그래서 누군가의 죽음을 구경하듯이 지켜봐야 한다는 사실이 썩 내키지 않았지만 내 발길은 화장터 가트를 향할 수밖에 없었다. 사실 내가 내심 화장터를 외면하려고 했던 것은 사람이 피할 수 없는 죽음을 외면하고자 했던 내 두려움에서 연유한 것일 수도 있다.

그렇게 화장터 가트로 향하던 중, 시신을 가트에 두고 집으로 돌아가는 유가족을 볼 수 있었다. 그들 중 아직도 한 남자의 표정이 생생하게 떠오른다. 너무나 서럽고 속상해 울음이 터지려고 하는데 못내 입을 다문 채 꾹 참고 있는, 아니 참고 있다기보다는 자신만의 방법으로 오열하는 그의 표정에 나는 침통함을 느꼈다. 죽음을 맞이하는 사람보다 더 슬퍼하는 사람이 있을까 하는 내 오랜 생각이 틀렸음을 보여주는 현장이었기 때문이다. 죽은 자는 말이 없었다. 그저 죽은 자에게 죄책감을 느끼는 사람들의 미안함과 고마움과 두려움과 추억이 그들을 사로잡을 뿐이었다.

나는 그때까지 죽음 앞에서 슬퍼한 적이 없었기 때문에 그전까지는 죽음이라는 것이 어떤 고통인지 모르고 있었다. 하지만 그의 애통한 표정에서 죽음이라는 것이 얼마나 많은 것들을 상실시키며, 얼마나 많은 것들을 상기시키는지에 대해 생각하게 되었다.

그러면서 돌이켜보게 되었다. 죽음은 아니더라도 그 남자의 죽을 만큼 슬픈 표정에서 나 또한 비슷한 감정을 느껴본 적이 있었느냐고 되묻기 시작한 것이다. 비교할 감정의 대상이 없어 슬펐던 기억을 떠올렸지만 역시 비교가 되지 않았고, 그런 감정도 가지지 않고 화장터에 왔다는 점이 역설적으로 내가 화장터에 간 것이 구경삼아, 재미삼아, 호기심에 갔다는 것을 인정하는 셈이어서 더욱 울적해졌다.

그러면서 언제일지 모르는 내 죽음에 대해 생각해 보았다. 언젠가 학교 가정수업에서 한 할아버지의 임종을 맞이하기 위해 모든 가족이 침상에 둘러앉아 그를 보내주는 과정을 비디오로 보여준 적이 있었다. 우리는 너무 쉽게 생각한 대로 아주 빨리 몸을 움직일 수 있지만, 죽음이라는 것은 육신과 정신이 이별해야 하는 과정을 겪어야 하는, 아주 가혹한 행위를 견뎌야 한다는 것이다. 그만큼 가까웠던 우

리의 육신과 정신이 이별을 해야 하다니 얼마나 고통스러울까? 그런데 그런 고통스러운 과정에 나를 생각해주고 사랑하는 사람이 있다면, 그리고 그 고통의 끝에 내가 믿고 의지할 사후세계가 있다면 내 고통의 무게는 조금이라도 덜어질까?

인도인에겐 죽고 난 후, 강가 여신에게 돌아가 전생의 카르마(Karma·업(業))에 따라 다음 생에 높은 신분으로 태어나거나 낮은 신분으로 태어나는 윤회(輪廻)가 있다. 그래서 그들에게는 죽고 난 뒤에도 보살펴줄 신적인 존재가 있지만 내겐 그런 게 없다. 그러자 내 육신과 정신이 고통으로 이별할 때 내 고통을 감당해줄 무언가가 필요할 거란 생각이 들었다. 그것은 바로 후회 없는 삶이었다.

그러나 후회 없는 삶이란 존재하지 않는다. 인생은 후회의 연속이니까 불가능하다는 말이다. 그래서 거꾸로 생각해봤다. 후회 없는 삶이 불가능하다면, 차라리 되도록이면 하고 싶은 것을 하고 마음에 남을 불편한 일은 하지 않기로 말이다.

우리는 극단적인 상황을 만나면 부정적이 되고야 만다. 물론 긍정적인 힘도 생기겠지만, 처음에 다가오는 건 역시 부정적인 마음이다. 내가 만일 죽음의 문턱 앞에 다다른다면 부정적인 생각이 먼저 떠오를 것 같다. 그러나 내 소망으로는 실제로 그런 상황이 닥치면 부정적인 생각보다는 좋았던 생각이 들면 좋겠다. 그러면 죽음을 앞에 두고도 위안을 삼을 수 있을 테니 말이다. 그래서 나는 후회하지 않도록 열심히 살아야겠다는 생각을 했다.

여태껏 나는 항상 외롭다고 생각했었다. 사람은 본디 외로운가라는 질문에 맞닥뜨릴 때마다 아니라고 부정하고 싶었다. 그런데 사람이라서 외롭다기보다는 홀로 있으려고 하기 때문에, 고독하려 하기 때문에 외롭다는 말이 더 맞다고 생각하게 되었다. 당장에 내가 가지고 있는 것이 큰 것이라 생각되겠지만, 죽음 앞에선 아무것도 아닌 것이 되기 때문에 그때의 외로움은 지금의 외로움보다 더 클 것 같아서 나는 현재를 살기로 했다. 내 현재의 행복과 슬픔을 그대로 받아들이기로 했다.

어쩌면 인도인들은 피할 수 없는 죽음 앞에서 한결 가벼워질 수도 있겠다는 생각이 들었다. 그들에게는 강가 여신이 내리는 윤회가 있으니 말이다. 나에겐 없는 그들의 여신을 홀로 만들어가는 이 세상에서의 윤회란, 'Do my best!' 란 게 아니었을까? 그것이 무심히 갠지스 강가를 지나치는 외국인 여행자에게 강가 여신이 주는 윤회는 아니었을까 하는 생각이 들었다.

삶의 한 장면 그 찰나가 윤회에 있다
고통스러운 순간에서 언제든 생각을 바꿈으로써 탈피할 수 있기 때문이다.

니킥을
날려
주리라

찌는 듯한 한낮의 무더위에 더위를 먹은 사람처럼 축 늘어져 멍하니 바라나시 골목을 걸어가고 있었다. 진이와 소미 언니, 그리고 나. 이렇게 한 줄로 앞사람만 보고 걸어가는 중이었다. 골목이 좁으니 두 줄이라는 게 가능하지 않았다. 머릿속이 멍한 상태로 어지러운 골목의 오물과 개와 소를 피해 그냥 흐느적거리며 걷고 있었다.

그런데 그 순간 누군가 내 소중한 엉덩이를 만진다는 느낌이 들었다. 골목길을 막고 느긋하게 되새김질을 하시는 소님인가? 아니면 아까 지나치던 아저씨의 짐에 스쳤나? 워낙 멍한 상태라 도대체 무엇인지 감을 잡을 수 없었기에 그저 잘못 느낀 거라고 생각하던 그 찰나, 열두 살 정도로 보이는 인도 남자아이가 내 앞을 걸어가고 있던 소미 언니의 엉덩이를 만지는 것이었다.

놀라서 휘둥그레진 눈으로 '저놈이다! 하며 바라볼 때, 소미 언니도 놀랐는지 무의식적으로 팔꿈치로 그놈을 가격했다. 이어서 고개

를 돌려본 소미 언니는 맞은 사람이 어린아이로 보이자 잘못 짚었다고 생각했는지 무척 당황해했다. 그런 언니를 보고 나는 바로 뒤에서 손가락으로 가리키며 그 애가 맞다고 일러 주었다.

사실 그 전날 우리 일행은 인도를 여행하는 사람들에게서 몇 번이고 들었던 인도에서의 '엉덩이 성추행'을 처음으로 당했었다. 골목길을 걷다가 마주친 한 추레한 노인이 진이의 엉덩이를 만진 것이다. 진이와 우리 일행은 처음 당한 일이라 황당해서 제대로 대처를 하지 못하고 있다가, 잠시 후 밀려오는 분노에 니킥(Knee-kick)을 날려 주겠노라고 열심히 그 노인을 쫓아갔지만, 미로같이 복잡한 골목 때문에 노인을 놓쳤던 일이 있었다. 그래서 다음에 이런 일이 생기면 우리 꼭 니킥을 날려 주자며 굉장히 예민하게 벼르고 있던 와중에 그런 일이 바로 생긴 것이다. 물론 우리 예상과는 달리 어린아이라는 점에서는 좀 당황스러웠지만 말이다.

영어도 못하는 인도 아이에게, 그것도 우리보다 한참이나 어리고 또 성이라는 걸 제대로 모를 정도로 어린 아이에게 엉덩이를 빼앗겼다는 생각을 하니 참으로 분통이 터졌다. 이 아이의 장래를 위해서라도 절대로 그러면 안 된다는 것이라는 걸 기필코 알려줘야겠다는 생각이 들었다. 비록 엉덩이를 뺏긴 어른이지만 말이다.

우습지만 우리는 골목에 서서 아이에게 따져 물었다.

"너 왜 만졌어?"

"……"

아무 말 없는 아이. 어깨를 들썩이며 자긴 아니라고 손을 젓는다. 분명 내가 내 두 눈으로 똑똑히 현장을 목격했건만 뻔뻔하게도 아니라고 오리발이다. 표정은 얼어서 상기되어 굳은 상태로 마치 우리가 한 번이라도 더 물으면 당장 눈물이라도 흘릴 것 같은 표정을 지으며 말이다. 너무나 태연하게, 너무나 떳떳하게 아니라고 오리발을 내미니 도리어 우리가 당황해서 잠시 멍해졌다.

그러자 이 녀석은 우리가 당황하기를 기다렸다는 듯이 아주 빠른 걸음으로 골목 사이로 도망가기 시작했다. 우리 일행도 이 아이의 버르장머리를 고쳐주겠노라고 그 아이를 따라 뛰기 시작했다. 잡히면 네놈에게 니킥을 날려 주겠노라고 다짐하며 말이다. 하지만 골목을 이리저리 따라 아이를 쫓아갔지만 끝내 찾을 수 없었다.

'에이 또 당했다. 당했어.'

시작은 분한 마음에서부터였지만, 아이를 놓치고 나니 오히려 다행이다 싶었다.

우리 일행은 이런 상황이 우스웠다. 대낮에 어린아이에게 뺏긴 엉덩이를 찾겠노라고 말만한 아가씨 세 명이 조그만 꼬마를 쫓아 뛰다니…. 분노로 이글거려 씩씩거리며 쫓아갔지만 결국엔 그 아이를 용서하기로 했다. 아니 정확히 말하면 용서가 되고 말았다.

아마 그 애는 잘못된 행동인지 아닌지, 일을 저지르고 나서야 깨달았을 거다. 뭘 모르고 벌인 행동에 외국인 여자가 하나도 아닌 무려 셋이나 따라오니 얼마나 무서웠겠는가? 앞으론 그러지 못할 거라고 믿어본다. 두려움에 표정이 상기된 채 아주 뻔뻔하지도 못하고 두 다리 후들거리며 아니라고 할 때의 그 겁먹은 표정. 그럼에도 우리는 말만 그랬지 니킥을 날릴 순 없었다. 막상 그녀석의 낙타 같은 눈을 바라보고 있자니 나도 모르게 용서가 됐으니까 말이다. 그들도

알까? 무슨 행동을 해도 낙타눈같이 커다란 눈을 보고 있자면 웃음
부터 나오는 것을.

그래서 우린 니킥을 날리는 대신 멱살을 잡기로 작전을 변경했다.
매일 기지개를 켜는 아침이면 진이는 나에게 "언니 멱살 잡는 연습
하는 거예요."라며 장난을 치곤 했다. 나는 그럴 때마다 팔을 쭉 펴 주
먹을 꼭 쥐며 "어때. 이렇게 힘껏 멱살을 잡겠어."하고 웃어주었다.

그렇게 가끔 인도인들 때문에 속상하고 화나는 날이면 그들 앞에
서 팔을 쭉 펴고 주먹을 꼭 쥐곤 했다. 물론 그들은 뭔지 알아차리지
못했으나 나름대로 우린 우리만의 신호로 기분을 풀곤 했던 것이다.

화장실에서의
굴욕

동방예의지국.

여행 기간이 길어지니 회귀본능이 스멀스멀 올라와 원래 있던 곳으로 돌아가고 싶다는 생각이 밀려온다.

그중 한 번, 동방예의지국으로 불리는 우리나라로 돌아가고 싶다는 생각을 한 날은 인도 북부의 맥그로드간즈(McLeod Ganj)에서 델리로 향하던 밤이었다.

두 도시 사이는 기본 이동 시간이 16시간은 넘게 걸리고 가는 도중에 화장실이 귀했기 때문에 되도록 물도 안 마시고 버티기로 계획을 세웠다. 그러나 목마름은 참을 수 있었지만, 시간이 지나면서 화장실에 가고 싶다는 욕구는 도저히 참을 수 없었다.

우여곡절 끝에 휴게실에 도착한 버스, 나는 귀하디귀해 내 목숨만큼이나 귀한 물티슈와 손전등을 들고 버스에서 내렸다. 여행이 길어지다 보니 이제는 물티슈가 목숨만큼이나 귀한 물품이 되었다. 소소

한 것 하나부터 귀하다고 말할 수 있을 정도면 참 소박해서 그것 또
한 행복이라고 말하고 싶지만, 물티슈를 움켜쥐고 화장실을 향해 걸
어가는 그리 아름답지 않은 내 모습을 그려보면 이게 무슨 행복이야
라는 생각만 들 뿐이다.

　아무튼 레이디스 전용 화장실에 도착하니, 길게 늘어선 줄이 날
기다리고 있었다. 하나도 반갑지 않은 줄. 그래도 화장실이 있다는

생각에 이 정도의 줄은 기다릴 수 있겠다 싶었다. 사실 인도에서는 줄이란 개념이 없다. 눈치껏 요령껏 새치기를 하고 먼저 들어가면 그만이다. 그런데 이상하게 줄이 있었다.

'아무렴 어때?'라고 생각하는 찰나, 앞에 서 있는 인도 여자들이 내게 먼저 들어가서 일을 보라고 한다. 나는 속으로 '웬일이지? 절대 양보해줄 사람들이 아닌데?'라고 생각하며 "나? 진짜? 나 먼저?"라고 몇 번이고 되풀이하며 물어보았다.

그러자 너무나 당연하다는 듯이 "유 뻘스트, 뻘스트"라고 이구동성으로 양보를 해주는 인도 여자들.

'수상하다. 아니 이상하다. 왜일까? 왜 먼저 들어가라고 한 걸까? 외국인에 대한 배려인가?'

여러 가지 생각이 겹쳤지만 화장실이 너무 급한 나였기에 찜찜한 기분을 뒤로하고 먼저 들어갔다.

그러나 화장실로 들어가 손전등으로 비춰본 양변기는 경악 그 자체였다. 변기시트에 온통 오물이 덕지덕지 뒤덮여 있었기 때문이다. 인도를 여행하면서 지저분한 화장실을 여러 번 봤지만 이 화장실은 내가 본 인도 화장실 중에서도 가히 으뜸이었다.

역시 인도에서는 이유 없는 친절이란 게 없다. 너무 놀라 자동반사로 양팔을 위로 들어올린 채 밖으로 팅기듯 뛰쳐나온 내게 호기심 어린 눈빛으로 얼굴을 들이대며 "더티?"라고 묻는 인도 여자들. "베리 더티!"라며 손사래를 치는 내 대답에 그들은 모두 인상을 찌푸린다. 그렇게 궁금하면 네가 들어가서 직접 보라고 말하고 싶었지만, 그들은 이미 냄새라도 맡았다는 듯, 부리부리한 큰 눈을 찌푸리며 코를 잡고 있었기에 더 이상 말할 필요가 없었다.

변기만 봤을 때는 절대로 사용하고 싶지 않았지만, 워낙 화장실이 급했고 또 내 손엔 문명에서 가져온 항균 물티슈가 있었으니 나뿐만 아니라 그들을 위해서도 한 장, 한 장 변기 위에 깔았다. 그것은 인류를 위한 배려였다. 기다림이란 개념도 없고 지저분한 것엔 굉장히 이기적인 사람들에게 예의가 무엇인지 알려줘야 할 것만 같았기 때문이다.

그렇게 그 귀한 물티슈를 한 봉지나 다 쓰고 화장실 밖으로 나왔는데 정작 그 많던 인도 여자들은 다 어디로 갔는지 보이지 않았다. 알고 보니 그들은 이미 화장실이 더럽다는 생각에 화장실과 별 다를 것 없는 진흙 밭으로 화장실 삼매경을 떠난 것이었다.

나는 지금까지 벌어진 상황이 무척이나 기분 나쁘게 느껴져 멍해졌다. 내가 그들에게 화장실 위생 상태를 확인하는 용도로 이용당했다랄까? 한편으론 그럴 수도 있겠다는 생각도 들었지만, 그런 생각도 이미 나빠진 내 기분을 되돌릴 수는 없었다. 잔존하는 카스트제도로 볼 때 외국인은 불가촉천민보다 더 낮은 계급, 계급에도 못 들어간다. 설령 그렇더라도 나를 그들의 도구로 이용했다는 사실은 받아들이기가 어려웠다.

이것이 인도의 얼굴인가? 아니면 이기적인 것일까? 아니면 아직은 미개해서일까?

우리나라에서는 평생 당해보지 않은 신분차별로 인해 쏟아지는 분노를 뒤로한 채 버스에 올라탔지만, 뻔뻔한 그들의 표정에 다시는 인도 여자들에게 당하지 않겠노라고 다짐을 하고 잠을 청했다. 그렇

게 그날 인도 여자들에게 당하고, 귀한 물티슈까지 몽땅 쓴 나를 원
망하며 그 뒤부터 인도 여자들에게 항상 경계심을 가지게 되었다.

그렇게 인도 여자들에게 경계심을 품고 지내던 어느 날, 인도에서
만난 친구와 함께 인도 영화관에 가게 되었다. 우리는 사치스럽게도
가장 비싼 다이아몬드 좌석에서 영화를 봤다. 중간에 인터미션까지
있는 3~4시간짜리 인도영화를 보고 난 터라 밀려오는 생리적 욕구를
해결하기 위해 화장실로 달려갔다.

개운하게 볼 일을 보고 나와서 여느 때와 다름없이 손을 닦는데

인도 여자 한 사람이 들어왔다. 그녀는 내게 힌디어로 뭐라 뭐라 말을 하는데 도무지 알아들을 수가 없었다. 그러다 갑자기 자기 가방을 내게 건네주었고 영문을 모르는 나는 그 가방을 손에 쥔 채 멍하니 서 있을 수밖에 없었다.

그렇게 그 여자가 화장실로 들어가자, 그제야 뒤늦게 '지금 나한테 가방을 들으라고 한 건가? 가방을 들고는 화장실에 못 들어가나? 꼭 나한테 맡겼어야 했나? 바닥에 두고 도망갈까?' 등 온갖 생각이 다 들어 기분이 별로였다. 그것도 30초도 안 되는 짧은 시간에 말이다.

난 인도 여자가 화장실에서 나오자마자 손가락으로 겨우 잡은 가방을 휙 건네주고 황급히 그 자리를 떴다.

그리고 친구에게 화장실에서 있었던 이야기를 해주었다. 기분이 나쁜 거 같기도 하고, 당한 것 같기도 하고, 도와준 것 같기도 하고, 나를 믿어서 맡긴 것 같기도 한데 기분이 이상하다며 말이다. 그러자 꽤 오랜 기간 인도 여행을 했던 그 친구는 내게 카스트를 설명하며, 그건 분명 나를 천하게 여겨 짐을 맡긴 것 같다고 얘기했다.

아니길 바랐던 마음과 또 당했다는 사실에 나는 기분이 상했고 다시는 안 당한다고 다짐했으면서도 또 당한 것이 속상했다. 21세기에 신분차별이라니…. 기분이 많이 상하기도 했지만 한편으로는 여자라는 이유로 카스트제도 안에서 매일매일 당연하다는 듯 신분차별을 겪고 있을 그녀들을 생각하니 마음이 짠했다.

가끔
아니 종종

아니 거의
내 자신만의 기분만을
내 자신만의 안위만을
생각할 때가 많다.

이해라는 건
그럴 수 있겠다.
그러려니 하는
너그러운 마음인 거 같다.

길이라는 것

　　인도를 여행하는 사람들은 주로 낙타 사파리를 하기 위해 라자스탄(Rajasthan)의 자이살메르(Jaisalmer)로 온다. 나 또한 낙타 그리고 사막에 대해 환상을 가지고 자이살메르로 왔다.

　　그곳에서 만난 모르는 사람들과 함께 지프를 타고 낙타 사파리를 하기 위해 사막으로 향했다. 지프에서 내린 뒤 저 멀리 점점 다가오는 낙타몰이꾼들과 인사를 한 후, 미세한 모래 입자와 강렬한 사막 태양을 피하기 위해 모든 살갗을 숨기는 준비를 했다. 우리 일행은 낙타를 탈 때의 주의사항을 듣고 이틀을 함께할 낙타와 짝을 지어 사막으로 사파리를 떠났다.

　　어릴 적 타본 이후 처음 타보는 낙타, 그것도 사막에서… 시작부터 낭만적이지 않을 수 없었다. 앉아서 낙타의 걷는 리듬에 내 몸을 맡기자 곧 편안해졌다. 물론 고통도 함께 찾아왔으나, 시간이 지남에 따라 내 엉덩이와 허벅지는 아픔이라는 고통에 익숙해져갔다.

　　사막으로 들어온 지 한참 되었으나 사막이 어찌나 넓은지 아직도 그대로였다. 마치 계속 한곳에 멈추어 있는 듯한 느낌? 그 상황이 마치 20대를 살아가는 지금의 내 모습과 비슷해 보였다. 막막하면서도 거대해 앞이 보이지 않는 그런 느낌이랄까? 찌는 듯한 햇볕이 작열했지만, 그런 대로 불어주는 바람 덕분에 육체적인 고통은 덜했다. 그저 난생 처음 본 사막과 그 위에 낙타를 탄 내가 있다는 사실이 믿기지 않아 신기하고 설렐 뿐이었다.

몇 시간 동안 끝이 없는 사막을 낙타 위에 앉아 하염없이 보다보
니 불현듯 사색의 시간이 찾아왔다. 사막은 끝이 없었다. 마치 한치
앞도 보이지 않는 우리의 인생살이처럼. 사방 어디를 둘러보아도 똑
같이 생겼다. 저리로 가도, 이리로 가도, 뒤돌아가도. 내가 가는 곳,
그곳이 길인 것이다. 여기까지 생각이 미치자 내게 무작정 앞으로
가는 것이 목적이 돼버린 우리 삶과 닮았다는 깨달음과 슬픔이 함께
찾아왔다. 내가 곧 가는 길이 인생이지, 가는 길이 목적이 아닌데 말
이다. 가다가 멈춘 곳에 머물면 되는 것을…. 목표만을 향해 달려간
것 같은 내 삶에 대해 진지하게 생각하게 되었다.

이곳은 아무리 가도 아무것도 나오지 않는다. 그저 둘러보는 자의 시선에 따라 무엇이 보이느냐, 안 보이느냐의 차이다. 내 옆에서 함께 낙타 사파리를 하는 사람들은 도대체 어디까지 가야 하느냐며 불평을 쏟아내고 있다. 그저 지금 걷는 모래 위에 자라난 선인장, 가끔 나타나 주는 염소떼와 소떼, 아주 가끔 등장하는 사슴과 들개들, 그리고 저 멀리 아주 자그마하게 보이는 우물 그것이 모두다.

그런데 나는 그것들이 참으로 신기하고 아름답게 보였다. 앞만 보고 낙타를 타면 찌는 듯한 태양에 답답함이 밀려오지만, 나란히 함께 있는 주변을 바라보면 세상이 신기하게 보인다. 마치 미래만 바라보며 답답해하는 사람처럼, 미래와 앞만 바라보지 말고 내 주변의 것, 내 바로 옆에 있는 것을 바라보면 마음이 평온해지고 별것 아닌 것들도 재미있게 눈에 들어온다.

모래만 가득하고 태양빛만 가득한 사막에 푸른 식물이 있다는 것, 당연하다고 생각했던 선인장의 존재가 매우 신선하게만 느껴졌다. 생명이 없을 것만 같은 이곳에도 생명이 존재한다. 햇빛이 있기에 이곳에 생명이 있다. 그건 사람도 마찬가지란 생각이 들었다. 생명이라는 것은 살아있음을 뜻한다. 살아있음이란 그저 숨을 쉬는 호흡이 아니다. 밝은 태양이 살아 있다고 느끼는 순간은 태양이 밝기 때문이다. 그래서 밝은 태양처럼 느낄 수 있는 빛 같은 느낌이 전해지는 그 순간 비로소 온전히 살

아있다고 할 수 있는 것이다.

그래서인지 아무도 나에게 말을 걸어주지 않고, 또 아무도 나에게 관심을 가져주지 않고, 또 아무도 내게 말을 걸지 않지만 내가 살아있음을 느끼게 해준다. 낙타 위에 올라 앉아 이곳을 거닐고 있는 순간이 너무나 행복해 눈물이 나려고 한다. 이곳은 내게 그렇다.

이곳은 마치 장난감나라에 들어온 듯한 기분을 들게 한다. 나는 낙타몰이꾼이다. 어디로 갈지 모르지만 나에겐 가끔 등을 내주는 낙타친구가 있다. 추운 저녁, 나는 지푸라기를 긁어모아 바람을 막아줄 움막을 짓고 남은 지푸라기로 불을 지펴 달빛을 친구삼아 잠을 잔다. 가끔 만나는 사슴 친구들과 공작새 친구들은 나의 눈을 기쁘게 해주고, 가끔은 멀리 풀을 뜯어 먹으러 멀리 도망간 낙타 친구를 찾느라고 애태우기도 한다. 이런 상상의 꿈을 펼치게 해주는 사막이 나는 참 좋다.

잠시 쉬었다가 가자며 낙타에서 내려오라는 낙타몰이꾼, 자리를 펴고 음식을 만든다. 무슨 요리일까? 허기진 탓에 뭘 만드는지 궁금해서 옆에 가서 구경을 한다. 밀가루반죽을 하고 있어 무엇을 만드느냐고 물어보니 인도인들의 주식인 짜파티(Chapati)를 만들 거란다. 나름 요리에 자신이 있던 내가 도와주겠다고 하자 흔쾌히 허락해준다. 그러나 열심히 만들었음에도 짜파티를 망쳐버렸다. 무색해진 내 반죽을 뺏는 낙타몰이꾼. 미안하단 말과 함께 줄행랑을 친 나는 짐짓 요리라는 게 나라마다 방식이 다르구나 하며 자기합리화를 했다.

화장실을 찾아 나섰지만 사막에 화장실이 있을 리 없다, 저 멀리 아무도 보지 않을 곳으로 달려가 모래밭에 실례를 했다. 그리고 뒤를

돌아보니 한 무리의 공작들이 나를 호기심어린 눈초리로 지켜보고 있었다. 내가 실례를 한 곳이 공작의 활동반경이었던 것이다. 미안하고 창피했다. 돌아와 낙타몰이꾼들과 점심을 먹고 다시 낙타를 타고 사막으로 들어간다.

한참을 더 들어가자 모래로만 이루어진 모래산이 나타났다. 얼마나 아름답고 황홀하던지, 세상엔 내가 가보지 못한 아름다운 곳이 얼마나 많을까 하는 생각과 내가 건강하다는 사실에 행복해졌다. 서쪽으로 뉘엿뉘엿 넘어가는 태양에 반사되어 빛나는 모래사막은 마치 금은보화가 가득 숨겨져 있는 것 같아 보인다.

우리의 목적지인 사막 중간에 도착해 자리를 펴고 누웠다. 그 순간 무언가 내 등을 찔러온다. 아프다. 이건 뭘까? 처음 보는 가시식물이다. 난 그 녀석에서 '사막해파리' 라는 멋진 이름을 붙였다. 웬만큼 참을성이 강한 나였지만 사막해파리 앞에서는 미운 일곱 살 못지않은 징징이 어린이가 되어버렸다. 사막해파리는 하루 종일 나만 따라다녔다. 그래서 내가 그렇게 이름을 지었다. 가끔 낙타들도 찔려 아파한다고 낙타몰이꾼이 내 얘기를 거든다. 만일 인도 사막에 가면, 흰색의 새끼손톱만한 크기에 많은 가시를 지닌 별사탕처럼 생긴 녀석을 만난다면 조심하기 바란다. 사람을 놓아주지 않는 지독한 녀석이니 말이다.

뉘엿뉘엿 넘어가던 태양을 대신해 환한 둥근 달이 떠올랐다. 환한 달빛을 조명삼아 삼삼오오 모여앉아 저녁을 먹었다. 사람들은 저마다 자기가 인도에 오게 된 까닭을 얘기하며 장작을 피우고 바비큐 파티를 했다. 나와 일행은 그런 사람들 곁에서 떨어져 나와 침낭에 몸

을 맡긴 채 누워 달빛을 바라보며 알 수 없는 낭만적인 대화를 마구 던지다 잠이 들었다. 그 밤의 달빛이 아주 밝은 터라 밤이 무섭지 않았다. 시리지만 따듯하리만큼 밝은 달빛을 보며 언젠간 다시 돌아오겠다고 사막의 달빛에게 약속했다. 사막에 들어서는 순간 현재를 살수 있었고, 지금은 낭만적인 곳에 둘러싸여 있다는 사실에 사막의 밤 모래가 내 등을 시리게 해도 매우 행복했다.

돌아가는 길에는 낙타몰이꾼의 구성진 노래를 들었다. 낙타몰이꾼은 내 뒤에서 사슴이 있는 곳을 일러주고, 소떼와 염소를 보여줬다. 또한 흥겨운 가락의 인도 노래를 아주 구성지게 불러줬다. 그는 그렇게 내게 잊지 못할 사막의 추억을 안겨줬다.

서로 너무 다른 곳에서 태어나고
너무 다른 환경에서 자라나고
같은 땅에 있지만 다른 공기를 내쉬는 사람들이 모였다.

보이지 않는 벽이 쳐 있었다.
낙타를 타는 그 순간만큼 무리지어 이동하면서
그 풍경과 어울리는 음악을 주변 여행자들과 낙타몰이꾼과 함께
나눠 들었다.

서로 내뱉는 공기가 너무 달라 형용하기 힘들지만
그렇게 그 풍경을 모두 바라보며 같은 음악을 귀에 꽂으면
네가 내뱉는 공기가 무엇인지
내가 말하고 싶은 게 무엇인지
입 밖으로 굳이 꺼내 보이지 않아도
우린 서로 웃어 보일 수 있었다.
그것이 이해였다.

다시 돌아가고 싶을 만큼 그리운 곳이 있다는 건 엄청난 축복이다.
내가 언제나 외로울 때 마음속에 그릴 곳이 있기 때문이다.

조심해야 할
오토바이 사고

바라나시 오토릭샤 정거장 쪽으로 나가면 큰 사거리가 있다. 그쪽은 사람뿐만 아니라 오토바이와 릭샤, 차와 수레는 물론 심지어는 개와 소, 염소까지 지나다니는 정말 혼잡한 사거리다.

바라나시 최고 번잡한 그곳. 그냥 조심히 걸으면 될 것 같다는 생각에 항상 조심조심 길을 다녔지만 그날만큼은 예외였다. 갑자기 내 다리를 세게 툭 치고 지나가는 오토바이. 눈물이 그렁그렁 맺힐 새도 없이 너무나 아파 혹시 다리가 부러지진 않았나 걱정이 된다. 그러나 이미 어디론가 사라져버린 오토바이.

주변을 둘러보니 놀라고 당황한 나를 제외하곤 아무도 없는 듯하다. 아무도 놀라지 않은 모양이다. 그냥 무슨 일이 있었느냐는 듯 다들 제 갈 길을 간다. 순간 너무 놀라고 속상하고, 또 눈물이 날 정도로 아파서 그 자리에 주저앉고 싶었다. 하지만 지금 내가 서 있는 곳이 너무 복잡하고, 또 나를 제외한 모든 사물들은 내가 처한 상황과는 전혀 상관없다는 듯 바쁘게 움직이고 있었기 때문에 정신을 차리지

107

않으면 더 크게 다칠지도 모른다는 생각이 들어 얼른 길가의 모퉁이로 피했다.

급히 다리를 살펴보니 바지가 찢겨져 있고 피가 터지려는 듯 아주 큰 멍이 들어있었다. 오토바이가 세게 치고 지나간 뒤라 걷는 게 힘들었다. 그렇게 혼자 아파하고 있던 나를 보고 안쓰러웠는지 지나가던 한국인 여행자가 다가와 약국에 가서 연고를 사주었다. 그 친절한 마음과 연고로 그나마 위안이 됐다. 나는 그 사건 이후로 골목대장처럼 된 듯 씩씩하게 걷던 복잡한 길가를 걷는 게 두려워졌다.

사고를 당한 지 사흘쯤 지났을 무렵, 내가 잘 다니던 바라나시 보나 카페 사장님이 인도에서 조심해야 할 점을 말하면서 오토바이 사고를 언급했다. '혁 난 이미 당했는데…' 서러움이 밀려올 때, 보나 카페 사장님이 한마디 덧붙인다. 인도 사람들은 사람이 쓰러져서 피를 철철 흘리지 않는 한 교통사고에 둔감하기 때문에 각자 알아서 조심할 수밖에 없다고 말이다.

난 그나마 다행이라고 해야 하나? 하여튼 사고로 인해 찢어진 바지도 바지지만, 다리에 커다란 멍이 들어 있으니 누군가에게 맞았다고 오해받을까봐 그것이 더욱 신경 쓰였다. 나는 아직도 타인의 시선에 자유롭지 못한 사람이니까 말이다.

마음을 달래고자 달콤하고 시원한 라씨를 먹으러 골목을 헤쳐 나갔다. 블루라씨, 내가 좋아하는 달콤 시원한 라씨를 파는 곳이다. 나는 그곳에서 머리가 산발인 캐나다 남자를 만났다. 나는 머리가 산발인 그 캐나다 남자를 바라보며, '인도에 온 지는 오래됐나? 머리가 많이 자랐네.' 하는 시시콜콜한 생각을 하며 라씨를 입에 넣고 있었다.

그렇게 라씨를 먹고 있던 내게, 그 캐나다 남자는 다짜고짜 한국음식이 먹고 싶으니 한국 음식점을 추천해주지 않겠느냐고 물어왔다. 갑작스런 요청에 조금 놀랐지만 나는 라씨를 다 먹은 후 친절하게 그 남자를 한국식당으로 안내해 주었다. 그리고 인도에서 오토바이 사고를 조심하라며 내 종아리를 보여 주었다.

그러자 그 캐나다 남자는 환하게 웃으며 자신의 종아리도 꺼내 보여주었다. 그랬다. 그도 인도 길거리에서 오토바이 사고를 당한 흔적이 있었다. 우리는 무언의 웃음으로 서로 공감하며, 기쁠 것 없는 하이파이브를 한 후 헤어졌다.

그 일은 나만 당한 것 같았던 억울한 오토바이 사고에서 새로운 전환점이 되었다. 결코 웃을 수 없는 위험한 사고를 당한 기억에서도, 같은 처지에 놓인 전혀 다른 사람을 만나 서로 공감과 상처를 나누자 적지 않은 위로를 받기 때문이다.

뉴델리 길거리에서
새벽을

맥그로드간즈에서 델리로 돌아오는 죽음의 16시간 버스 레이싱을 마치고, 새벽 4시에 델리의 이름조차 모르는 정류장에 떨어졌다. 춥고 위험하고 어둠조차 채 가시지도 않은 새벽, 길도 이름도 모르는 곳에 떨어진다는 건 정말이지 상상하고 싶지 않은 두려움이었다. 뭐, 꼭 밤이 아니더라도 전혀 모르는 곳에 남겨진다는 것만으로도 인간은 불안하니까 깜깜한 새벽은 더할 나위 없이 무서울 수밖에 없었고 또 그건 당연했다.

그렇게 버스에서 소미 언니와 함께 내리니 여러 명의 릭샤왈라들이 내게 달려들었다. '왈라(Wallah)'는 주로 하층민 카스트에게 붙이는 직업을 나타내는 접미사로 주로 '~하는 사람'이라는 뜻이다. 릭샤를 모니 릭샤왈라고, 빨래를 하니 도비왈라, 도시락을 배달하니 다바왈라다. 하여튼 지금 이 시간에 릭샤를 타봤자 갈 곳도 없고, 또 가더라도 바가지만 씌울 테니 해가 뜰 때까지 그 자리에 서 꼼짝하지 않기로 했다.

해가 뜨려면 앞으로 적어도 두 시간 반은 더 기다려야 한다. 하지만 우리의 의지를 시험이라도 하듯 새벽 델리의 공기는 너무나 차가웠

다. 릭샤왈라들은 계속 가격을 홍정했지만 계속 무시하는 우리에게
지쳤는지 하나둘 자리를 떠나기 시작했다. 사실 시간이 지나고 나면,
몇 푼도 안 되는 그 돈을 왜 그렇게 악착스럽게 아꼈나 싶은 생각도
들지만 막상 그 상황에 처해 있으면 잘못됐다 느껴지는 것에는 타협
하기 싫고 또 내가 쥐고 있는 패를 꺼내주기도 싫게 마련이다. 반면
에 정답과는 다른 선택을 함으로써 특이한 경험의 세상이 열리기도
한다. 바로 지금의 우리처럼 말이다.

　우리에게 지쳐서 떠난 릭샤왈라들이 다음에 올 버스 승객들을 태
우려는지 다시 정류장으로 몰려들고 있었다. 그들도 추웠는지 온갖
쓰레기를 한곳에 모아 불을 지핀다. 릭샤왈라들은 모닥불이 따뜻한지
옹기종기 모여 앉아 있다. 누군가가 봤을 때는 우스운 모습일 수도 있
는 것들이 그 안에 같이 있을 때는 너무나 간절한 것이 될 수도 있다.

　우리는 너무나 추워 그 사이를 비집고 같이 모닥불을 쬐고 싶었지
만 릭샤도 타지 않는 주제에 감히 모닥불을 쬐겠다고 말할 염치가 없
었다. 그래서 몸을 쭈그리고 배낭을 멘 후 배낭을 바람막이 삼아 버
텼다. 모닥불의 불씨가 사그라질 무렵 다른 승객을 태운 버스가 도착
했고 릭샤왈라들은 손님을 맞이하러 다시 나섰다.

　각자 손님을 모시고 사라진 릭샤왈라들 덕에 나와 소미 언니는 불
씨만 남은 모닥불로 가 쭈그리고 앉았다. 그리곤 배낭에서 종이공책
을 뜯어 불씨에 불을 붙여 보았지만, 사그라진 불씨는 종이에 옮겨
붙을 힘조차 없었는지 그대로 꺼져 버렸다. 너무 추워 죽겠는데 불이
붙을 희망이라곤 없는 모닥불을 바라보며 내 처지가 처량해졌다. 한
편으로는 조금만 더 기다리면 해가 뜨겠지 하며 속절없이 하늘만 쳐

다보면서 말이다.

우리의 그런 모습이 안쓰러웠는지 아니면 웃겼는지, 저 멀리 릭샤
왈라들이 같이 추운 처지도 잊고 우릴 구경하고 있다. 빌어먹을 릭샤
왈라들…. 가서 20루피를 줄 테니 성냥불을 빌려 달라 하고 싶었지
만, 괜히 새벽에 돈을 꺼냈다가는 릭샤왈라들에게 내가 가지고 있는
돈을 모두 털릴까봐 이도 저도 못하고 그대로 멈춰 있었다.

우울한 마음을 잠시 추슬러 잠시 고개를 들어 주위를 살펴보니,
집 없는 릭샤왈라들이 거리에 모두 모여 모닥불을 쬐며 긴 밤을 지새
우고 있었다. 그것도 10미터 간격으로 말이다. 두 시간 반의 추위도
이렇게도 끔찍한데 그들은 집이 없어서 그렇게 언제 끝날지 모르는
추운 밤을 견디고 있었다. 국토의 대부분이 열대와 아열대인 인도에
서 얼어 죽는 사람이 굉장히 많다는 뉴스가 실감나는 새벽이었다.
추위가 혹독해서인지 허름해도 집이 있고 허름해도 입을 옷이 있다
는 사실이 감사하다는 생각이 들던 그런 새벽이었다.

그렇게 영영 아침이 오지 않을 것 같은 추운 시간을 보내고 있을 무
렵, 한국 스님 한 분이 나타났다. 새벽에 델리에 도착할 한국 아주머니
한 분을 마중 나온 거란다. 그분은 우릴 발견하고 깜짝 놀라서, 왜 여
기에 이러고 있느냐고, 위험하고 추운데 도대체 왜 여기에 있느냐고,
동상이라도 걸려 발이라도 얼면 어쩌려고 그러냐며, 정말 이렇게 만
나게 된 것은 운이 좋다고 말했다. 스님은 여자 둘이 이렇게 길거리에
있는 것은 위험하다며 지하철역까지라도 데려다주겠다고 했다. 그렇
게 스님의 도움으로 우리는 안전하게 아침을 보낼 수 있었고, 뜻하지
않은 도움을 받은 이곳 역시 인도였다.

인도니까

　인도를 여행하다보면 수많은 인도 사람과 외국인들을 만날 수 있게 된다. 물론 여행이다 보니 그럴 수 있지만 수많은 외국인들을 더욱 마음으로 가까이 만날 수 있다는 것, 그게 인도만의 독특한 분위기가 아닐까 싶다.

　바라나시에서 사흘째 되는 날, 아침을 먹으러 사람만큼이나 파리도 많은 찬단 레스토랑에 갔다. 찬단 레스토랑은 아침 메뉴가 맛있다고 소문난 곳이어서 앉을 자리를 찾는 것은 정말이지 하늘의 별따기였다. 그런 상황이었기에 혼자 온 외국인 여행자들끼리 한 테이블에 같이 앉아 먹는 일도 비일비재했다.

　나 또한 오랜 기다림 끝에 독일 여자, 이탈리아 여자와 함께 앉게되었다. 내 자리는 가게 문 밖 골목이 보이는 자리었다. 곧 이어 내가 주문한 오믈렛과 토스트가 나왔고, 맛있겠다는 기대보다는 든든하게 먹을 수 있겠다는 생각으로 제법 익숙해진 인도 잼과 케첩을 푸석푸석한 식빵에 찍어 열심히 먹었다.

　배를 채울 수 있다는 사실 하나로 만족하며 멍한 눈빛으로 가게 앞 골목을 바라보며 무의식적으로 꾸역꾸역 빵을 밀어 넣으며 말이다.

　그때 "치즈버거!" 하는 소리와 함께 수제 햄버거 수준의 치즈버거가 서빙되는 장면을 보고 그 퀄리티에 놀란 나머지 내 몸은 무조건적 반사에 의해 양 동공의 확장되고 어깨가 들썩이며 입술이 살짝 벌

어져 "오!"라는 감탄사를 지른 채 잠깐 동안 '멈춤' 상태가 되고 말았다. 순식간의 일이어서 내가 놀란 걸 아무도 알아채지 못할 거라 생각했지만, 0.1초 사이에 치즈버거에 대한 내 무조건적 반사는 주변 사람의 공감을 살 만한 본능적 표현이 되고 말았다.

나와 같은 자리에 앉았던 이탈리아 여자와 독일 여자는 "치~즈버거"하며 놀란 나를 흉내내고 깔깔대며 웃기 시작했다. 물론 내 속내를 들켜서 조금 부끄러웠으나, 내가 왜 그 치즈버거를 보고 놀랐는지 그녀들 또한 너무나 잘 알았기 때문에 그렇게 웃을 수밖에 없었던 것이다.

우리는 흔하디흔한 치즈버거가 인도에서는 그토록 귀하다는 것을 온몸으로 느꼈기 때문에 그 순간부터 공감대가 형성됐다. 그래서 같이 앉아 식사한다는 어색함과 단지 허기진 배를 채우기 위해 영혼 없는 음식을 먹는다는 느낌을 버리고 어떤 음식이라도 공감하는 사람과 함께 먹으면 행복해질 수 있다는 데 공감하며 끝없는 대화를 이어나가기 시작했다.

이탈리아 여성도 독일 여성도 나도 다들 혼자 여행 온 사람들이었는데, 국적을 불문하고 하나같이 향신료가 들어가지 않은 맛있는 음식을 찾아 다녔으며, 하나같이 인도산 알라딘 바지를 입고 있었다. 우리는 모두 긴장되는 대화의 첫머리를 "인도에 왜 왔어요?", "인도는 어때요?"라는 질문으로 시작했다.

저마다 다른 답이 나올 것이라 생각했지만 "인도는 어때요?"라는 질문이 있을 때마다 다들 자기 마음과 같은 질문에 깜짝 놀라며, "인도? 음… 인도는 정말 스페셜해요."라는 대답을 들을 수 있었다.

우리 셋이 이구동성으로 대답한 그 말에, 세상 모든 인종이 한데 묶여 하나의 인종이 된 듯한 느낌을 받을 수 있었다. 다시 말해 동양인vs서양인vs인도인이 아닌 외국인vs인도인이랄까? 인도는 그렇게 인도 특유의 스페셜함으로 이방인들을 하나로 묶어 주었다. 인도는 참 스페셜하다. 모든 것을 인도식으로 소화하니 말이다.

오늘도, 어제도, 내일도 시간마다 입버릇처럼 달고 다닌 말, "여긴

인도니까!'

　그 말이 인도여행을 하면서 묶었던 내 두 발과 관자놀이의 아픔을 해방시켜 줬다. 한 가지로 통일해서 합리화시켜 삶의 고통에서 해방 시켜주는 것. 그건 바로 인도만의 선물은 아닐까?

업보의
무게

　　인도의 길 위는 온갖 오물이 뒤섞여 있어 여행용 캐리어 가방
은 끌고 다니기 힘들다. 그래서 인도를 여행하는 여행자들은 자연스
럽게 배낭 여행자가 된다. 나를 비롯한 한국인 여행자들은 다들 자
신의 몸통만한 배낭을 메고 다녔는데 그건 서양인들도 마찬가지였
다. 이 도시에서 저 도시로 이동해 다니는 게 인도를 다니는 여행자
들의 숙명이었고, 그 여행의 대가로 동반해야만 하는 무거운 배낭을
우리들은 우스갯소리로 입을 모아 '업보(業報)' 라고 불렀다.

　　무거울수록 업보라는 것을 알았기 때문에 나는 인도여행 출발 전
에 짐을 아주 간소하게 챙겼고, 인도에 도착해서는 뭐든 가방에서 버
릴 만한 것들을 모조리 다 버리기 시작했다. 나는 업보라는 단어가
싫었는지 매일 배낭에 있는 버릴 만한 것들을 버렸고, 버릴 게 없나
가방을 살펴보는 내 모습은 마치 물건을 버리기 위해 여행 온 사람
같았다. 물론 뒤의 일이지만 버려야 채울 수 있다는 인도에서의 교훈
도 끝내 얻어갈 수 있었지만 말이다.

　　매일 가방이 가벼워지니 가끔 내 배낭을 드는 사람들은 모두 놀라
고 부러워했다. 그럴 때마다 나는 "업보가 가벼워서 그래요."라는 자
랑 아닌 자랑으로 자위했다. 솔직히 그 맛에 재미가 들려 계속 짐을
버렸던 부분도 있었다. 우습지만 그 덕분에 나는 짐에 구애받지 않는
가벼운 여행을 할 수 있었다.

　　내가 바라나시에 도착했을 때는 무척 더운 날이라서 길바닥에서 열

기가 피어오를 정도였다. 엎친 데 덮친 격이랄까? 그날은 선거일이라서 릭샤 운행도 금지되어 있었다. 뜨거움을 피할 그늘도 없는 상태에서, 생전 처음 와보는 바라나시 역에 버려졌을 때의 기분이란 정말이지 한숨만 나왔다.

완전 망연자실한 우리가 할 수 있는 거라곤 갠지스 강가까지 걸어가는 것뿐이었다. 왜냐면 그날은 릭샤가 운행을 하지 않을 뿐만 아니라 아주 작은 상점까지도 다 닫혀 있었으니까 말이다. 길도 모르고, 방향도 모른 채 찌는 듯한 더위에 막막했지만 길가에 나와 있는 인도인들에게 길을 물어물어 갈 수밖엔 없었다.

그렇게 배낭을 메고 걸어가자니 업보가 없는 것만 같았던 내 배낭 또한 너무나 무겁게 느껴졌다. 설상가상으로 길을 몰라 한 세 시간여를 걷다보니 내 배낭이 가장 가벼웠음에도 불구하고, 어깨가 아파 도무지 걸을 수가 없었다.

그때쯤 되니 배낭의 무게를 왜 업보라 부르는지 절실하게 깨달을 수 있었다. 아무리 작은 무게라도 내게 무겁다면, 내가 너무 안이하게 살아온 것은 아닐까 하는 반성의 계기가 되기도 했다.

그렇게 세 시간을 말도 안 되는 길을 찾아 걷자 이제는 더욱더 무거워져만 가는 배낭을 아예 벗어 던져 버리고 싶어졌다. 그런데 욕심은 업보만큼이나 큰지 도저히 버릴 수 없었다. 지고 가려면 지고 가는 만큼의 대가를 치러야 한다는 작은 진리랄까? 지고 가다보면 더욱 무거워지지만 버릴 수 없는 인간의 욕심은 점점 지쳐가는 나를 만들고 말았다.

버려야 비워야 마음이 편해지는 세상에서, 버리고 비우면 머리가

불편해지는 세상에서, 버리고 비워도 가지고 있는 자그마한 내 안의
나는 한없이 나의 어깨를 누른다는 세상의 업보를 알 수 있었다.

　가지고 가고 싶으면 나를 조금 더 학대하면 된다는 것도, 그것이
나의 욕심의 업보라는 것. 그리고 살아가려면 욕심을 버린다는 것만
이 타협점이 아님을 깨달아간다는 것, 그것도 숙명이고 업보라는 것.

　가방에 든 것을 비우고 버려도 내 어깨를 짓누르던 무게는 덜어지
지 않았다. 가방을 버려야 비로소 편해질 수 있을 텐데. 가방을 버리
지 못하는 건 아마도 혼자 남겨진다는 나의 두려움 때문인가보다.

결혼식

자이살메르(Jaisalmer)의 성안에 머무를 때였다. 옥상에 멍하니 앉아 있었는데 갑자기 성안에서 불꽃축제를 하는지 폭죽이 날아오른다. 무슨 일일까? 진이 룸메이트인 가영이가 보고 오겠노라며 옥상 계단을 뛰어 내려간다. 천천히 피어 올라오는 불꽃을 구경하는 찰나, 가영이가 계단 아래서 우리를 부르며 숨 가쁘게 뛰어올라온다.

"헉, 헉, 아래에서 결혼식해요. 우리 초대받았어요. 친구들도 데려오래요."

밤 9시에 생각지도 못한 결혼식 초대를 받는 이곳은 역시 인도다. 밤늦게 결혼식이라니 과연 어떨까? 인도에서의 결혼식은 처음이기에 궁금해진 우리는 한국에서의 결혼식과는 정반대로 입고 있던 후줄근한 옷 그대로인 채 슬리퍼를 끌고 주머니에 손을 찔러 넣고 계단을 내려갔다.

계단을 내려가자 사람들이 모여 춤을 추며 결혼식을 축하하고 있었다. 신랑이 곧 탈 백마도 있었는데, 마치 백마가 장가가는 듯 형형

색색의 엄청난 장식품으로 화려하게 치장되어 있었다. 신랑이 나오
길 기다리는 동안 주변에 있는 인도 사람들은 우릴 보고 말을 타라
고, 타도 괜찮다고 했다. 겁이 많은 나는 말이 뒷발로 나를 걷어찰까
무서워 말 주변만 서성이며 귀여운 인도 꼬마 아가씨들과 장난치기
시작했다. 말 위에 올라탄 진이는 신바람이 났고, 그렇게 5분 정도 지
나자 곧 결혼식이 시작되려는지 백마를 데리고 신랑 집 앞으로 갔다.

　신랑은 아라비안나이트에 나오는 알라딘 왕자처럼 멋지게 단장을
하고 백마에 올라탔고 가족은 그에게 향유를 뿌려준 후 신랑의 뒤를 따

라 신부 집으로 향하기 시작했다. 우리 일행도 그 행렬을 뒤따라갔다.

　자이살메르 성안에서의 결혼식은 정말 환상적이었다. 밤하늘에 백마를 탄 신랑과 그 뒤를 따르는 사람들, 마치 성안의 왕자 행차를 따라가는 시녀가 된 기분이었지만, 달빛과 성벽의 분위기가 어우러져 정말 멋있는 광경을 만들어냈다.

　자이살메르 성 광장으로 가자 사람들이 모여 인도의 클럽음악을 틀어놓고 춤을 추고 있었다. 정말 현란한 춤 솜씨를 자랑하며 신나게 말이다. 정말 인도 사람들 잘 놀았다. 결혼식이 가장 큰 축제인지 남녀가 뒤엉켜 춤을 추는데, 여기가 정말 보수적인 나라 인도인가 싶을 정도로 제법 야한 춤도 많이 추었다. 그렇게 얼마동안 춤을 추는가 싶더니, 큰 앰프를 실은 트럭이 움직이자 사람들은 그 뒤를 따라 춤을 추며 한 시간 정도 걸어 신부 집에 도착했다.

　신부 집에서는 결혼식을 맞이해 연회가 한창이었다. 우릴 초대한 인도 사람들은 와줘서 고맙다며 인사를 하고 연회장에 가서 음식을 먹으라고 자리를 안내했다. 우리 일행은 연회장에 잘 차려진 뷔페를 보며 음식을 한가득 접시에 덜어 인도 현지 여성들과 합석하게 되었다.

　하지만 아무리 둘러봐도 포크와 스푼이 없었다. 그래서 어떻게 먹나 고민하며 고개를 드니, 나를 신기한 눈으로 바라보며 손으로 음식을 먹는 인도 여자들과 눈이 마주쳤다. 나는 멋쩍은 웃음을 지으며 그들을 따라 손으로 음식을 먹기 시작했다. 하지만 처음 시도가 어렵지 막상 하니 재미있었다.

　그렇게 음식을 맛있게 먹고 내려가자 결혼식이 한창 진행되고 있었다. 나는 마치 신문사에서 나온 사진기자처럼 그들의 결혼식 사진을 열심히 찍었다. 인도에서의 결혼식은 정말 성대하고 떠들썩하다. 이방인이 보기에도 정말 큰 잔치라는 느낌을 받았으니 말이다. 게다가 결혼식에 참석한 모든 사람은 신랑신부의 결혼을 진심으로 축하하며 즐기고 있었다. 결혼식 예식 자체는 짧았으나 형식에 구애받는다는 느낌은 없었고 그저 결혼 자체를 축하하는 잔치의 성격이 강했다.

사람들은 계속 뷔페 음식을 먹으며 떠들썩하게 즐겼고, 또 한쪽에서는 옹기종기 모여 앉아 이야기꽃을 피웠다. 브라만으로 보이는 아저씨들은 우리에게 의자를 배려해 줬으며 신을 기리는 꽃목걸이를 걸어주었다. 그렇게 얼마나 즐겼을까? 결혼 예식도 끝났고 밤이 깊어지자 피곤함을 느낀 우리 일행은 숙소로 돌아가려고 몸을 일으켜 세웠다.

우리를 결혼식에 초대한 사람은 무려 여섯 명이나 되었는데 다 어디 갔는지 보이지 않았고, 단 한 사람만 만날 수 있었다. 그는 우리에게 축의금을 요구했고 아무 생각 없이 따라 나온 터라 주머니에는 정말 10루피 두 장뿐이었다. 이걸 축의금이라고 건넸다가는 장난친다는 느낌을 줄까봐 망설이던 찰나, 진이가 행복하라고 마음을 던져 주는 제스처를 취했다. 진이의 순간적인 센스에 우리는 다들 웃었고, 우리를 초대했던 그 사람도 알겠다며 잘 가라고 배웅해줬다.

나중에 들은 이야기지만 인도인들은 결혼식 때 외국인이 오면 축복의 의미로 더욱 고맙게 생각해 지참금을 요구하지 않는다고 한다. 뭐 어쨌든 5분이면 걸어올 거리를 한 시간 반씩이나 행진했다는 게 믿기지 않았다. 인도의 전통 결혼식을 보니 인도 전통을 살린 고유한 문화가 남아있다는 게 참으로 좋았고, 결혼을 축제의 장으로 승화시켜 잔치를 즐기는 사람들이 참 행복해보였다.

그렇게 결혼식의 밤이 끝난 다음날 아침, 아침밥을 먹으러 호텔 밖으로 나가자 어젯밤 결혼식 축제를 끝내고 돌아오는 사람들로 북적였다. 왜 이제 오느냐는 내 물음에 그들은 웃음을 지으며 밤새 춤을 추고 놀았다고 운을 뗀 뒤, 인도의 결혼식은 하루에 끝나는 게 아니라 며칠 동안 계속된다고 덧붙였다.

인도의 결혼식은 진심을 담은 축하의 축제라는 것과 그들 고유의 전통 결혼식이 아직까지 잘 보존되고 있다는 것이 참 부러웠다. 마지막으로 한마디 덧붙이고 싶다.

"그때 결혼한 신랑 신부 가정에 행복과 평화를 빕니다."

쭈뼛쭈뼛 그대는
우리의 여신

거리의 모든 시선이 내게로 향했다. 그게 단순히 내 오만과 착각이었을까?

그냥 여행객들에게 상품을 팔기 위해 건네는 "예뻐요!"라는 단순한 인사말은 아니었을까?

그런데 왜 나는 그 말에 혼자 설레고 말았을까? 설레면 안 되었을까? 설렘이 마치 죄악이라도 되는 듯한 감정인가? 하나가 굉장히 어렵다. 그것이 마치 이곳은 나만을 위한 파라다이스인가 싶어서 그랬나 싶다.

나와 소미 언니, 그리고 진이는 길거리를 걷다가 "예뻐요!"라는 형식적인 말이 들릴 때마다 "고마워!"라는 형식적인 말로 대꾸해줬다. 그러나 우리가 아그라에 갔을 때의 일이다. 타지마할 관람을 끝내고 잠시 앉아서 쉬어볼까 했는데, 그때부터 무려 두 시간 동안이나 현지인들로부터 사진 촬영을 당했다.

이름이 뭐냐고 물어보는 사람, 사진을 찍어도 되느냐고 묻는 사람, 몰래 우리 일행을 찍는 사람, 용감히 다가와 같이 사진을 찍자는 사람, 용기가 없어 같이 사진 찍자고 말도 못 꺼내는 사람 등 그렇게 여러 사람이 우리 일행을 열심히 찍어댔다. 우릴 지켜보던 어떤 이는 농담으로 인도 페이스북에 우리 얼굴이 잔뜩 올라갔을 거라고까지 했었다.

그중 어떤 사람은 차마 내게 사진 찍자는 말도 못 걸고 몰래 옆에 서서 사진을 찍어가기도 하고, 자기 독사진을 찍는 척하며 몰래 나를 찍기도 했다. 정말이지 내 평범한 얼굴이 뭐가 예쁘다고 그러는지…. 하지만 여러 사람이 그렇게 행동을 하니 나는 그만 공주병에

걸리고 말았다. 정말 내가 예쁜가보다 하는 그런 착각에 말이다. 착각은 행복을 가져다준다고 하는데 과연 내 착각은 나를 행복하게 해 주었다.

아무래도 여대를 다니다 보니 남자를 만날 기회도 적고 나이가 한 살, 두 살 늘어가면서 여자는 스물다섯 살이면 꺾인다는 말에 의기소침해 있던 터라, 인도 남자들의 열혈 같은 대시가 내 자존심과 사기를 돋워줬나 보다(물론 후에 사진을 보니 주먹만한 얼굴을 가진 인도 남자들에게 내가 굴욕을 당한 사진이 대다수였다).

인도 남자들의 열혈 대시는 그때뿐만이 아니었다. 맥도날드에 가면 먹던 햄버거가 입 밖으로 다시 나올 정도로 느끼한 눈빛으로 윙크를 날려대는 남자가 있는가 하면 자기 햄버거 먹다말고 머뭇머뭇거리며 다가와 같이 사진을 찍자고 하기도 한다. 한국이었으면 꿈도 꾸지 못할 상황 아닌가? 하도 들이댈 때는 어안이 벙벙해 내가 꿈속에 있는 게 아닌가 하는 생각이 들 때도 있었다. 그런데 사실 이렇게 남자들이 접근하면 살짝 기분이 즐겁기도 하다.

막상 내 얼굴을 거울로 보면 그리 예쁜 얼굴이 아닌 것 같은데, 인도에서는 예쁘고 아니고 상관없이 외국인이라는 이유로 예쁘다는 말을 듣는 것 같다. 아마 그들과 다르게 생겼다는 그 한 가지 이유로도 미의 기준이 면죄되는 것이 참 행복했다. 선크림 하나만 바르고도 민망하지 않게 거리를 거닐며 자유롭게 외모에 구애받지 않는 곳. 그것이 인도의 매력이었다.

언젠간 거리를 걷다가 우연히 인도 남자들끼리 조용히 수군거리는 소리를 들은 적이 있었다.

"저 사람들 정말 예쁘지? 저기 한국사람." 그 말을 들은 나와 소미 언니는, 진심이 담긴 그들의 이야기에 순간적으로 너무 놀라고 행복해 걷다가 멈춰버렸다. 그것 때문에 하마터면 뒤따르던 오토바이에 치일 뻔 했다. 나와 소미 언니는 서로 얼굴을 마주보며, "인도에서는 예쁘다는 말에 정신줄 놓으면 황천길 가는 거야." 하며 다시 현실로 돌아오곤 했다.

아무튼 인도를 여행하다보면 "브레이크 마이 하트!" 라고 너스레를 떤 후, "너는 세컨드야!" 라는 인도 남자들의 치근덕에 "난 네가 마음에도 없거든?" 대꾸를 하며 배꼽 쥐고 웃어야 하는 경우도 꽤 있었다. 인도가 아니면 그 언제 누릴 수 있는 호사냐며 빈말이라도 행복함을 느낄 수 있었다.

20대를 살아가는 여자로서 우리 사회는 여자에게 요구하는 게 너무나 많다. S라인이 등장하더니, 조금 뒤에는 V라인을 요구하고, 베이글녀가 나타나더니 이제는 U라인의 등허리를 요구하는 등 무언가 자꾸 요구를 하는 사회다. 슬프게도 그 대중이 만들어낸 요구에 부합되지 않을수록 여자의 상품가치는 떨어진다. 그래서 성형을 하지 않으면 이상한 사람이 되어버리고 외꺼풀의 눈매를 갖거나, 낮은 코를 가지면 루저가 되어버리기도 한다. 어찌 보면 우리 사회는 여자들에게 뭐든 종합감옥인 셈이다. 잘못한 것도 없는데 말이다.

외려 다른 게 매력이 될 수 있는 인도에서의 현실이 참 좋았다. 어차피 그들 눈에 우리는 한국 사람일 뿐이다. 예쁘고 밉고 그런 한국인이 아니라, 그냥 머리털 검은 한국 사람일 뿐이다. 언젠간 나는 내 친구 보트맨 철수로부터, "너는 눈이 작잖아." 라는 말을 들은 적이 있다. 한국에서는 내 눈도 큰 눈이지만 인도 사람에게는 나 또한 작은 눈의 소유자일 뿐이다. 게다가 인도인에게는 나 또한 두 눈이 찢어진 한국 사람으로 보일 뿐이다.

내가 어떻게 생겼느냐보다는 내가 어떤 사람이냐가 더 중요하게 여겨지는 곳, 내가 아름다운 마음으로 아름다운 행동을 했을 때 아름다운 사람으로 여겨지는 곳. 그곳이 인도였고 수줍게 웃어 보이는 눈들과 마주할 때면 그 어떤 장애도 내려놓을 수 있을 것만 같아 참 좋았다. 그곳은 정말 아름다운 얼굴의 진짜 예쁜 인도였다.

그곳에 가면 사랑하고 싶어져

다르질링으로

　　바라나시에서 설사병이 걸려 아픈 몸을 이끌고 웨스트 뱅갈 (West Bengal) 주의 다르질링(Darjeeling)으로 떠나기 위해 기차에 올랐을 때, '과연 내가 살아서 내릴 수 있을까?' 하는 걱정에 젖었지만, 생각보다 멀쩡히 다르질링의 관문인 뉴잘패구리(New-Jalpaiguri) 역에 도착할 수 있었다.

　　뉴잘패구리에 내리자 마치 우리나라와 같은 분위기가 들어 참 이상하면서도 포근했다. 뉴잘패구리에서 다르질링까지는 90킬로미터 정도 거리라서 지프를 타야 갈 수 있다는 얘기를 들고, 지프 승강장을 찾으러 했지만 찾을 필요도 없이 지프 삐끼들이 대거 등장했다.

그중에서도 마치 영화배우 탐 크루즈처럼 잘생긴 지프 삐끼가 넉살스런 미소를 지으며 저렴한 가격을 부른다. 그렇게 해서 프랑스에서 왔다는 포토그래퍼 할아버지와 함께 그의 폭스바겐을 타고 다르질링으로 향했다. 그저 홍차의 고장 정도로만 알고 있던 다르질링은 내게 어떤 모습으로 다가올까 싶어 무지 궁금해졌다.

세 시간 정도 차를 타고 올라가야 한다는데, 24시간 넘게 기차를 타고 온 우리는 세 시간 정도야 거뜬하지 않을까 싶었지만 역시나 힘들었다. 차츰 지쳐갈 때쯤 홍차의 고장이니 공기가 좋겠거니 하면서 창밖을 바라본다. 얼마 전에 들렀던 맥그로드간즈 같은 분위기랄까? 좁은 비탈길에 옆으로 줄지어 지어진 집들을 계속 바라보자니 멀미가 났다. 그렇다고 창문을 열자니 앞뒤로 달리는 차들이 뿜어대는 진한 매연이 들어온다. 아 어쩌란 말이냐. 그래도 조금만 더 가면 다르질링이 나오겠지 싶어 멀미를 참는다.

그렇게 멀미를 참고 좀 더 올라가자, 양 옆으로 드넓게 펼쳐진 홍차 밭이 보인다. 와우! 평소에 홍차를 좋아하는 나였는지라 끝없이 펼쳐진 홍차 밭이 아주 신기하고 감탄스러웠다. 내가 홍차의 고장에 왔다는 생각이 들자 멀미는 어디론가 사라지고 너무나 행복해 믿어지지가 않았다. 어서 빨리 올라가서 홍차를 맛봐야지 하는 생각만 가득했다.

그렇게 힘들게 세 시간 정도 올라가니 이곳이 바로 다르질링이란다. 바라나시에서는 너무 더워서 반팔에 반바지를 입고 슬리퍼를 신었는데 여긴 춥다. 뭐 당연하다. 주위는 히말라야산맥으로 둘러싸여 있고, 해발 2,000미터가 넘는 고산지대이기 때문이다. 그래서 영국이 인도를 식민 지배할 때 여름의 더위를 피하기 위해 이곳을 휴양지로 만들었다고 한다. 그래서인지 다르질링은 물가도 좀 비싼 편이고, 인도답지 않게 건물이 세련되어 있고 건축양식 또한 영국풍이다.

내가 약 1주일간 머무를 다르질링, 인도지만 인도와 전혀 다른 느낌의 다르질링은 과연 어떨까? 어떤 일들의 연속일까? 내가 인도에 처음 도착했을 때처럼, 도저히 그려지지 않는 다르질링을 그려보며 그렇게 첫날을 보낸다.

다르질링은 산 위에 지어진 마을이라 그런지 금세 어두워진다. 6시만 돼도 앞뒤를 분간하지 못할 정도로 깜깜해진다. 그러나 걱정할 필요는 없다. 우리에겐 모두 비장의 무기 손전등이 있으니 말이다. 깜깜한 다르질링의 비탈길을 걷다보면 경사진 곳에 위태위태하게 지어진 집들과 그 반대편에 마치 병풍처럼 펼쳐진 히말라야 산맥을 볼 수 있다.

해가 진 후의 다르질링은 깜깜해서 무섭지만, 그 깜깜함 사이로 영국식 건물과 산맥의 그림자가 어렴풋이 비친다. 무수히 많은 별빛에 비춰서 말이다. 그 풍경을 가만히 들여다보자면 마치 판타지 영화의 컴퓨터 그래픽 같아서 환상적이다.

늦은 저녁을 먹기 위해 중심가 광장 쪽으로 향한다. 가까이 다가갈수록 환해진다. 뭐 물론 그래도 깜깜하지만 말이다. 이곳이 정말 지상천국인가 싶은 분위기가 펼쳐진다. 지옥의 세 시간을 올라와서 그런가? 배가 고팠다. 우리는 다르질링에서 가장 유명하다는 그레이너스레스토랑으로 향한다. 레스토랑의 외양은 오리지널 영국풍이다.

와! 메뉴판을 펼쳐 봐도 상대적으로 아주 싸다. 고풍스러운 분위기

의 1층은 빵집 겸 카페, 2층은 레스토랑이다. 가격도 싸고 분위기도 좋고 맛까지 좋으니, 항상 여기만 와야 할 것 같다. 오리지널 영국풍 레스토랑이라서 그런가? 앉아 있는 사람들도 다 영국 사람들이다.

옆자리에 앉아 저녁을 먹고 있는 영국 신사의 요리가 맛있어 보여, 완전 꾸질꾸질한 차림새로 물어본다. 창피하냐고? 괜찮다. 나는 정처 없이 떠도는 여행자니까.

"익스큐즈 미! 지금 먹고 있는 메뉴가 뭔지 알 수 있을까요?"

그러자 아주 친절하게 대답해주는 영국신사.

"비프스테이크예요."

고맙다고 인사하고, 우리 일행에게 "저거 비프스테이크래. 우리 저거 먹자."하고 희희덕거리는데 내 어깨를 '툭' 치는 영국신사. 놀라서 "네?"라는 눈빛으로 쳐다보자 그 신사가 한마디 더 거든다.

"소스는 좋은데, 고기가 아주 질겨요. 이 아파요."

뭐 그래도 맛있고 그럴싸해 보이니까 고맙다는 표현을 하고 비프스테이크를 시켰다. 그리고 잠시 후 먹음직스러운 비프스테이크가 나왔다. 시간이 오래 걸리지도 않고 금방 음식이 나왔다. 여기가 정말 한없이 시간 끌기로 유명한 인도가 맞아? 혹시 여기 천국 아니냐?

간만에 맛난 음식을 배에 넣는다는 생각에 무척 행복해졌다. 입에 스테이크를 썰어 한 조각 넣자마자, 웃음이 터져 나왔다. 맛있느냐고? 천만에 너무 놀랐다. 고기가 아니라 돌이다 돌. 마치 장조림 고기 덩어리가 쫄아 들어 말라비틀어진 느낌이랄까? 실소가 나왔다. 영국 신사가 내 실소어린 표정을 보더니 같이 웃는다.

내 저녁은 망했구나. 그래도 스테이크에 곁들여 나온 채소라도 먹으니 이것만으로도 위로가 된다. 우리 일행은 매일 저녁을 이곳에서 먹으며 메뉴에 도전해 보기로 했다. 고기도, 생선도 팔지 않는 인도에서 저렴한 가격에 고풍스러운 느낌까지 나는 레스토랑이니 도전해볼 만했다.

저녁을 먹고 쌀쌀한 다르질링의 한기를 견디기 위해, 팔짱을 끼고 셋이 나란히 호텔로 올라왔다. 우리가 묵은 호텔에는 인터넷 카페도 있고, 슈퍼도 있다. 한국 과자도 팔고, 닭꼬치도 팔고, 베이커리도 있다. 이 호텔에 묵고 있는 사람들은 거의 영국인이다. 그런데 가만히 살펴보면 영국 사람들도 완전 웃긴다. 생긴 것만 멀쩡하게 생겼지, 하는 행동은 그들도 영락없는 청춘이고 사람이다.

밤이 깊어 내 방으로 돌아와 피로를 풀기 위해 침대에 누웠다. 그런데 나무로 호텔을 지어서인지, 옆방에 묵은 사람들 목소리가 다 들린다. 원치 않게 옆방의 대화를 듣다 보니 웃긴다. 잠들기 위해 계속 누워 있는데 머리가 너무 어지럽다. 왜일까? 뭔가 이상하다 싶어 방을 둘러보니, 건물이 언덕에 지어져서 그런지 방이 경사졌다. 심지어 문을 잠그지 않으면 문이 열린다. 하하하. 그래도 괜찮다 여긴 다르질링이니까. 내일 아침에도 맛있는 거 먹으러 가야지 하며 스르르 잠이 들었다.

다음날 아침, 난 '배고파!'를 연발하며 호텔을 나섰다. 우리 일행은 그레이너스레스토랑 1층에 있는 그레이너스 카페로 향했다. 베이커리에는 엄청 많은 사람이 모여 있었다. 아침에 갓 구은 빵을 사기 위해 그렇게 많이 모여 있었던 것이다. 우리도 빵을 사서 카페에 앉아 아침을 시켰다.

완전 대박이다. 샌드위치에 홍차, 밀크티, 피자 등 먹고 싶던 메뉴가 다 있다. 맛도 좋고 서비스도 훌륭했다. 카페에서 아침을 먹은 사람들 중 제일 많이 시켜놓고 제일 많이 먹었다. 남기지도 않고 감탄사를 연발하며 맛있게 먹었다. 이래서 휴양지가 좋구나 싶었다.

다르질링으로 올라오는 길은 너무 힘들어, 마치 죽음의 관문을 견뎌내야만 천국에 갈 수 있다는 것을 느끼게 했다. 그러나 그렇게 힘들게 올라 온 다르질링은 내게 커다란 즐거움과 행복을 선사했다. 이제부터 다르질링으로 휴양을 온 여행객 기분으로 하루하루를 즐겁게 보내볼까나?

그곳에 가면 사랑하고 싶어져

사진관에
가다

자유를 추구하는 여행자에게 휴대폰이 웬말이냐고 여러 사람들에게 강변하던 나조차도 어쩔 수 없는 휴대폰의 노예였다. 바라나시에 도착한 순간, 연락이 안 되면 걱정하실 부모님 얼굴이 떠올라 결국 휴대폰 유심칩을 바꾸기 위해 인도방랑기를 찾았다.

휴대폰 유심칩을 바꾸기 위해서 드는 돈은 많지 않았지만, 유심칩을 바꾸기 위해 준비할 물건들은 굉장히 많았다. 그중에서도 가장 날 당혹스럽게 했던 것은 증명사진이었다. 여행을 떠날 때 미처 증명사진을 준비하지 못했으니까 말이다.

증명사진이 없어 당황하는 날 보고, 한국말을 완벽하게 구사하는 인도방랑기의 현지인 직원이 사진관을 소개해주겠다며 자신을 따라오라며 앞장선다. 멀지는 않을까 걱정하면서 따라나섰더니, 골목길을 따라 겨우 열 발자국 남짓 걷더니 다왔다며 허름한 사진관을 가리킨다. 그는 씩 웃어 보이며, 다시 오라는 말을 남기곤 골목길로 열 발자국을 걸어 사라진다.

허름한 사진관 안에 들어서자 나를 보며 잘 왔다고 환영하며 미소 짓는 잘생긴 사진사. 어디에 앉아서 어떻게 찍어야 할지 고민하자, 앉으면 마치 부서질 것 같은 허름한 의자를 내준다.

그는 우리나라에서 한 5년 전에 썼을 법한 콤팩트 카메라를 들고 조명도 없고 삼각대도 없지만, 부지런히 왔다갔다하며 내 얼굴에 들이댄다. 그 광경이 너무 웃겨 나는 웃음을 꾹 참느라 렌즈를 뚫리게 쳐다보며, 속으로 이것 또한 지나가리라 하고 크게 외쳐댔다. 그렇게 그는 두 번 똑딱똑딱 찍더니 다 찍었다고 한다.

사진을 다 찍은 나는 내 목에 걸려 있던 카메라를 꺼내 들고, 사진사에게 의자에 앉으라고 하고 아까 사진사가 그랬던 것처럼 왔다갔다하며 사진사 놀이를 하기 시작했다.

막상 본인도 그 자리에 앉으니 웃겼나보다. 주객이 전도된 상황이다. 알 수 없는 여자가 찾아와 사진을 찍어 달라고 하고는 이제는 의자에 앉으라더니, 자신보다 더 전문가다운 포즈로 사진을 찍어 댄다. 그는 내가 사진을 찍는 동안, 이 어리둥절한 상황에서도 곧 터질 것 같은 웃음을 용케 꾹 참고 좋은 사진 모델이 돼 주었다.

그는 10분 있다 출력이 완료되니 다시 찾아오라고 한다. 인도에서도 이토록 사진을 빨리 찾을 수 있나 싶어 의아했다. 10분 뒤에 다시 사진관을 찾았지만, 그때까지 인화는 안 돼 있었다. 그럼 그렇지. 그렇게 기다리길 20여 분 더, 드디어 웃음을 참으려 눈에 힘을 잔뜩 주고 있는 내 증명사진을 찾을 수 있었다.

버스 기사의
분노

맥그로드간지에서 델리로 돌아가는 길이었다. 버스를 탔는
데 맥간에 올 때 그 운전기사였다. 그의 외모는 완전 장발로 지저분
하고 깔끔하지 못했지만, 운전 실력 하나만큼은 정말 깔끔하게 했다.
뭐 잘하는 운전 실력만큼이나 '빵빵' 대는 경적도 무척 잘 눌렀지만
말이다. 아무튼 반가운 그의 얼굴을 보니 돌아가는 길이 안심됐다.
이제 산 정상에 있는 맥간도 안녕이다.

'이제부터 경적과 한바탕 전쟁을 치르겠구나.' 하는 생각으로 버
스에 몸을 싣고 눕는다. 올라올 때는 몰랐는데 내려갈 때 자세히 살
펴보니 맥간 밑에 있는 다람살라 마을이 엄청 크다. 어떻게 이런 비
틀비틀하고 좁은 산길에 이렇게 큰 마을이 있는지 의문이 들 정도다.
내려가도, 내려가도 끝이 없는 다람살라 길.

그런데 운전기사가 차를 자꾸만 멈춘다. 계속 멈췄다가 다시 출발
한다. 무슨 일일까? 별로 신경은 안 쓰였지만 시간이 오래 걸리니 방
광에서 신호가 와 불안해진다. 아직 고속도로에 진입도 못했는데….

버스 안 사람들도 다 나와 비슷한 생각을 하는지 표정과 자세가 굉장히 불편해 보인다.

다시 움직이는 버스, 그러나 곧 다시 멈춘다. 이러기를 십여 번을 반복하니 이젠 요의를 정말 못 참겠다 싶다. 그러나 어쩔 수 없다. 마음 놓고 여자가 일을 볼 수 있는 화장실이 없으니 꾹 참을 수밖에…. 이래서 여자 여행자들은 인도에서 장시간 버스를 탈 때 긴 치마를 입으라고 하나 싶다. 창문 밖으로는 버스에서 내려 노상방뇨를 하는 인도 남자들이 보인다. 그것도 엄청 많이.

뭐 인도 전역에서 노상방뇨를 무수히 많이 봤으니 이젠 놀랍지도 않다. 다만 부러울 뿐이다. 왜 긴치마를 입지 않았을까 후회하며 창밖을 보는 와중에, 운전석 근처에서 소란스러움이 느껴진다. 짜증이 잔뜩 난 승객들은 앞쪽을 쳐다보며 상황을 파악하고 있다. 그러다가 갑자기 나를 안심시켰던 운전기사가 화를 내며 차문 밖을 나선다.

무슨 일일까 내심 불안하다. 차 밖에 있던 인도 사람들이 알 수 없는 힌디어로 운전기사에게 큰소리를 지른다. 알아들을 순 없지만 대충 욕하는 상황이라는 건 짐작이 됐다.

잠시 후 운전기사가 울먹거리며 버스에 올랐고, 핸들을 잡자마자 미친 사람처럼 달리기 시작했다. 꽤나 억울한 일이 있었는지 울먹거리며 하소연을 한다. 저러다 사고가 나는 것은 아닌지 내가 다 조마조마하다. 보이지 않아도, 목소리만 들어도 눈물이 앞을 가려 제대로 운전을 하긴 글러먹은 상태라는 걸 알 수 있었다.

잠시 후 눈물의 하소연도 멈추고, 그 좋아하던 경적도 누르지 않은 채, 좁은 산길을 미친 듯이 버스가 달리기 시작한다.

149

덜컹 덜컹! 쿵쾅 쿵쾅! 버스가 산비탈로 추락하진 않을까? 타이어가 빠져 굴러가진 않을까? 별의 별 오만가지 생각이 다 든다.

버스가 이렇게 망나니처럼 흔들리니, 내 뒤에 앉은 조폭처럼 생긴 멕시코 아저씨도 불안했나보다. "왜 그런 거죠?" 우리에게 조심스레 물어온다. "우리도 알 수 없어요. 무서워요."라고 짧게 대답하자, "저도요."라며 웃는 게 웃는 게 아닌, 어정쩡한 미소를 지어 보인다.

우리는 안전벨트를 다시 한 번 확인하고 그나마 비싼 볼보 버스를 탄 걸 감사해했다. 그래도 내 마음이 불안한 건 어쩔 도리가 없다. 그런데 아까부터 소미 언니가 옆에서 혼잣말로 뭐라고 궁시렁거린다.

"여행자보험을 들고 오길 잘했어. 내가 죽어도 우리 가족은 불행하지 않을 거야."

나는 두려움 속에서도 웃음이 터졌고, 한편으로는 내가 여행자보험에 가입됐는지 확신이 안 서 불안감이 밀려왔다.

그러다 잠시 후, "그럼 뭐 해? 여행자보험을 들었어도 내가 죽으면 끝이잖아. 아무 소용없잖아."

소미 언니의 눈물과 좌절이 섞인 목소리가 들려온다.

이나저나 불안한 마음에 두 눈을 감았지만, 부서질 듯 덜컹거리는 버스 소리와 경적마저 누르지 않는 분노에 찬 기사의 태도에 마치 저승으로 끌려가는 버스에 오른 것 같아 앞길이 막막하다. 터질 것 같던 방광도 이제는 두려움 때문인지 고요하다.

그렇게 두려움에 벌벌 떤 지 8시간 정도 지났나? 버스가 멈춰 선다. 휴! 드디어 도착한 휴게실! 정신을 차리고 호흡을 한 후 화장실로 향한다. '정말 살 것 같다.' 이제 다시 죽음의 버스에 올라야 한다는 생각에 눈앞이 깜깜하지만, 그래도 기분을 전환할 겸 과자와 초콜릿을 사서 버스에 오른다.

잠시 후 누렁니를 환하게 드러낸 버스기사가 오른다. 밥 먹어서 기분이 좋아졌나? 제발 그랬으면 좋겠다.

정말 밥을 먹어서 신났는지 버스기사가 운전대를 잡고, 뿡뿡! 빵빵! 경적을 요란하게 눌러대며 운전하기 시작한다. 너무 시끄러워 귀머거리가 될 것 같은 경적 소리였지만, 그때만큼은 자장가같이 너무너무 마음이 안정되었다. 차에 탄 사람들은 서로 웃음을 지어보이며 눈짓으로 고개를 끄덕였다. 이제 안심해도 된다는 그런 신호였다. 귀여운 운전기사. 인도 사람들 정 많고 다혈질이라더니 정말 눈앞에 빤히 보여 더 귀여웠다. 잠시 후 앞에 앉은 인도 사람이 우리가 몰랐던 이야기를 얘기해준다.

"처음에 맥간에서 버스를 놓친 인도 사람이 있어서, 내려오면서 그 사람 태워가려고 자꾸 멈춰서 기다린 거예요. 그런데 아무리 기다려도 안 내려오니 출발하고, 다시 멈춰 기다리고를 반복한 거죠. 버스 시간에 늦은 그 사람은 뒤에서 택시 타고 따라 내려오고 있었나 봐요. 그런데 버스가 먼저 내려가니 그쪽에서는 자기를 기다리지 않은 걸로 오해를 한 거죠. 뭐 다른 운전기사였으면 모른 척하고 갈 텐데. 저 사람이 착해서…. 그런데 주변 사람들은 그것도 모르고 왜 두고 내려 가느냐고 하니까, 운전기사가 억울한 마음에 운 거죠. 뭐, 아무튼 잘 풀려서 다행이네요.”

그리곤 한마디를 덧붙인다. 아까는 내막을 다 알고 있던 자신들도 매우 불안했단다.

'아 그랬구나!' 그 이야기를 듣고 나서 멕시코 아저씨한테 상황 설명을 해주니 엄지를 치켜세우며 한마디로 요약한다.

“인크레더블 인디아!”

아무튼 그렇게 맥간에서 내려왔다. 무섭고 불안했지만, 차라리 솔직한 그가 더 좋았다. 인간의 정을 느낄 수 있었다. 마치 한 편의 영화 속에 들어갔다 나온 추억이랄까?

열등과
평등

YAS FOUNDATION
YOGA CENTRE
B.5/52, SHIVALA, MAIN ROAD, VNS.
CENT

Hi! Are looking
for ?
We

그곳에 가면 사랑하고 싶어져

　　한국에서 하나의 인격체로 산다는 것은 그리 쉬운 일은 아니었
다. 남들의 이목 때문에 항상 단정한 옷차림과 행동거지가 필수적이
었기 때문이다.

　　조금이라도 옷차림이 지저분한 날이나 조금이라도 자세가 틀어
지는 날에는 남들이 나를 이상하게 볼까봐 내 일에 집중하기가 힘들
었고, 그런 일이 반복되면 나는 내 자신이 열등하게 느껴졌다. 그런
불편한 느낌은 내가 어딜 가도 내 안에 머무르며 항상 나를 쫓아 다
녔다.

　그런 감정은 인도에서도 마찬가지일 줄 알았다. 그저 사회적으로 형
성된 것이라고 해도 나는 이미 열등한 인간이 되었을 거라 생각했다.

　그런데 인도 사람들에게는 열등이 없었다.

　분명 빈부 격차가 매우 심했음에도, 한 블록 건너만 가도 전혀 다
른 세상에 있는 듯 빈부 차이가 엄청났음에도 그 사람들에게서는 열
등이라는 것을 찾아볼 수 없었다. 그냥 서로 다른 것이라고 구분지을
뿐, 열등이라는 걸 느낄 수 없었다.

　잘 사는 이들 또한 "내가 잘났어." 라는 식의 느낌을 주는 사람이

없었다. 내가 무슨 행동을 해도, 머리를 감지 않아도, 맨발로 걸어다
녀도 인도에는 열등이 없다.

　인도에는 평등만 있다. 누가 누굴 돕고, 누구는 동정 받고 그런 일
방적인 관계도 없다. 가난한 이를 돕는 사람은 가난한 사람을 돕는
대신 윤회를 위해 더 좋은 행동을 한 셈이고, 도움을 받는 사람은 돕
는 사람들에게 도울 수 있는 기회를 준 것이니 서로 공평한 관계가
성립된다.

　그게 참 좋았다. 서로 다른 것이 열등으로 이어지지 않는다는 것,
그들은 평등하다.

　서로가 다르다는 것은 열등하고 우등한 그런 것이 아니다.
　보고 느낀 자만 행복에 대해 알게 된다.

행복은 상대적인 것이다.
어떤 기준이 있어서 그런 것일 수도 있지만,
내 내면에서의 상대적인 행복은 불행이 있을 때만 존재한다.

이곳에 와서 느끼게 된 건요.
내가 알라딘 바지를 입고 허름한 신발에 며칠 감지 않은 머리를
하고 다녀도
누구나 다 그렇기 때문에 이상할 게 없다는 거예요.
가식적인 것들을 다 떼고 사람과 사람으로 마주하기 때문에 더 신
난다는 거죠.

누군가 나를 알아봐줄 때,

순수한 나로 바라볼 수 있도록 해주기 때문에

때론 더 화가 나지만,

때로는 더 살아있다고 느낄 수 있게 해줘요.

인도는 그래요.

누구나 다 똑같은 사람이에요.

그곳에 가면 사랑하고 싶어져

쇼핑의
천국

값싼 물가, 질 좋은 제품.

발품을 팔면 이 두 가지 조건에 딱 맞는 흡족한 쇼핑을 할 수 있는 곳, 그곳이 인도다.

여행을 다니며 매일 밥 먹고 한 일 중에 하나는 쇼핑이었는데, 단돈 5,000원에 루비 반지를 살 수 있다는 것은 꽤나 매력적인 일이었다.

인도 거리를 걷다보면 도대체 용도를 알 수 없는, 도대체 누가 사가나 싶은 물건들을 파는 상점부터 수백만 원을 호가하는 최고급 양탄자 같은 상품을 파는 으리으리한 상점까지, 여러 가지 모습의 상점을 볼 수 있다.

그중에서도 특히 여행자들의 발길과 시선을 많이 잡아끄는 곳은 옷가게다. 말도 안 되는 이상한 디자인의 옷, 헌 옷인지 새 옷인지 고개를 갸우뚱거리게 하는 그런 허름한 옷을 파는 초라한 옷가게부터 아라비안나이트에 나올 듯한 아주 화려한 비단 가게와 빛나는 보석

이 주렁주렁 달린 사리(Sari) 가게, 최고급 캐시미어로 치장한 휘황찬란한 옷가게 등 셀 수 없이 많은 옷가게가 거리마다 늘어서 있다.

인도를 여행하는 여행자들은 그런 옷가게에서 흔히 '알라딘 바지'로 불리는 펑퍼짐한 옷을 사 입고 거리로 나선다. 게다가 만화영화 속에서나 나올 법한 특이한 신발을 파는 상점도 많아 제대로만 갖춰 입으면 아라비안나이트의 주인공으로 분장할 수도 있는 곳이 바로 인도의 옷가게다.

여러 업종의 상점 중에서도 항상 내 눈길을 끌었던 곳은 보석 상점과 스카프 상점이었다. 여행을 하면서 많이 망가졌지만 그래도 여자라고 참새가 방앗간을 지나치지 못하듯, 보석과 스카프에 정신을 빼앗겼던 경우도 꽤 있다.

거리에는 그 밖에도 빈티지와 양탄자를 파는 상점도 많고 골동품만 전문적으로 파는 상점도 제법 많다. 깔린 게 알쏭달쏭하고 재미있는 물건을 파는 상점인지라 굳이 구매하지 않고 지나가며 구경만 해도 재미있다. 사야 한다는 부담도 없고 간혹 가다 하나 정도 사고 싶어 충동적으로 구매한다고 해도 아주 저렴한 가격에 놀라기도 한다.

딱히 할 일이 없어 골목에 앉아 그들을 바라보고 있자면, 과연 가게 주인은 물건을 팔 생각이 있기나 한 것인지 의문이 들 정도로 그저 멍 때리고 앉아 노닥거린다. 옆 가게 주인이랑 수다를 떨고 짜이나 마시고 낮잠 자고 정말 아무런 걱정도 없다. 그냥 느릿느릿 장사를 하겠다는 건지 말겠다는 건지 관심도 없다.

진짜 하루에 하나 팔면 많이 판 건가 싶다. 그러다 손님이라도 오는 날이면 물건 하나 팔겠다고 두 눈이 몰려 죽어도 안 깎아주겠다고 난리다.

하루 먹고 하루 사는 하루살이 같지만 누구보다 재밌게 산다. 지나가는 외국인에게 장난도 치고 거짓말도 한다. 눈에 다 보이는 거짓말이라 미워할 수가 없다. 가끔 거짓말하는 그들에게 거짓말로 같이 응수해주면 무슨 드라마를 찍고 있는 배우나 된 듯 우습다.

한 번은 보석가게를 유심히 바라보던 중 눈에 예쁜 반지가 반짝하고 들어왔다. 집에 있는 엄마 생각이 나서 하나 집으니 옆에 있는 보석도 반짝하고 빛난다. 이젠 나를 위해서 하나 사줘도 될 것 같다.

얼마냐 물으니, 내 주머니에 있는 돈보단 100루피 더 나간다. 걱정을 하며 그에게 "나 500루피밖에 없어."라고 하니, 사람 좋은 너털웃음을 짓고는 첫 손님이니 깎아준단다. 아싸!

인도에서는 첫 손님에게는 무한한 자비를 베푼다니, 저렴하게 쇼핑하고 싶다면 아침 일찍 일어나 문이 열리는 순간 가게로 향하면 원하는 물건을 싸게 살 수 있을 것이다. 아무튼 할 일이 없거나 심심할 때 그저 멍 때리고 앉아서 구경만 하고 있어도 재미있는 일이 생기는 곳이 인도의 거리다. 낙천적인 인도 상인들은 재미를 거드는 양념 구실을 한다.

뉴델리 중심가인 코넛플레이스(Connaught Place)에서 루이비통을 멘 인도 여자를 처음으로 봤다. 인도와 명품, 뭔가 어울리지 않는 조합이라 조금은 어색하게 보였다. 차라리 맨발에 사리를 입고 가공조

차 되지 않은 보석을 발가락에 끼고 다니는 여자들이 더 매력적으로
보였다.

　진짜가 빛나는 곳, 그곳이 인도다.

　매순간 가공되지 않은 순수함에서 나오는 진짜 아름다움을 찾아
떠나는 쇼핑, 그것이 인도의 쇼핑이다.

단순한
소망

인도에 도착한 지 이틀째 되던 날 저녁, 수도 델리 북쪽에 있는 티베트인들의 마을 맥그로드간즈로 향했다.

인도에서의 첫 이동은 열두 시간 타야 하는 버스였다. 긴 시간이었지만 자고 일어나면 나를 반갑게 맞아 줄 맥그로드간즈를 생각하며 가벼운 발걸음으로 버스에 올랐다. 버스에 올라타서 가장 먼저 한 행동은 면봉으로 코를 청소하기였다. 인도의 심한 매연 탓에 1분만 있어도 답답해지는 콧속은 정말이지 평생 볼 수 없던 까만 코딱지를 나에게 선물해주었다.

대충 물티슈로 먼지에 휩싸인 얼굴과 몸을 닦고 코 청소를 하고 나니 한결 개운해 기분이 좋아졌다. 이 상태로 가면 자고 일어나면 맥간 일거라 믿는다.

달리는 버스 안, 인도 사람들은 정말이지 경적 울리는 걸 너무나 좋아한다.

"잠 좀 자자, 제발!"

10초에 두 번씩은,

"띠띠, 빵빵, 뿡뿡, 띠리링, 뿡빵…"

왜 고속도로를 달리면서 저렇게 경적을 울려대는지 도무지 알 수 없다.

단지 잠 좀 자고 싶을 뿐, 하늘을 나는 비행기 안의 소음은 비교할 것도 못 된다. 여섯 시간 정도 경적소릴 들으니 이제 몸과 귀가 어느 정도 익숙해지는 듯하다.

겨우 겨우 잠이 들었나? 얼마 후 도착했다면서 내리라는 운전기사.

밖은 아직도 깜깜한데 벌써 도착했다니…. 깜깜한 바깥처럼 내 마음도 깜깜했다. 시계를 보니 새벽 4시 30분이다. 인도 사람들은 일러야 8시, 아니면 10시에나 가게 문을 연다는 데 큰일이다.

이런 저런 근심을 갖고 버스에서 내린 후 가장 먼저 한 행동은 오랜 시간 기특하게 참아준 내 뱃속 오물들에게 세상과의 만남을 이어준 일이었다. 사람들 몰래 손전등과 물티슈를 들고 인적 드문 곳에 가서 실례를 했다.

그리고 나서는 새벽의 추위를 견딜 수가 없어 가로등도 켜지지 않은 맥그로드간즈의 골목으로 무작정 발길을 옮겼다. 그곳에서 잠시 머무를 방을 겨우 구하고, 정말이지 차디찬 물로 샤워를 한 후, 맥그로드간즈의 거리를 둘러보기 시작했다.

티베트 사람들이 모여 사는 맥그로드간즈는 마치 알프스를 보듯 한산하고 여유로웠으며 깨끗했다. 우리와 닮은 얼굴을 가지고 있는 티베트 사람들 덕분에 돌아보는 내내 정감이 가 마음이 참 편했다.

티베트 민족은 중국에 자주권을 뺏기고 고향의 풍경과 가장 닮은 이곳에 마을을 이루고 지금까지 살고 있다. 언제 올지 모르는 독립을 염원하며 말이다. 얼굴도 닮은 데다 가슴 아픈 민족사까지 우리와 아주 닮아 마음이 다 아팠다. 그럼에도 그들은 입가에 미소를 잃지 않는다. 양 볼은 빨갛게 무엇이 그리 수줍은지 귀엽기만 한 얼굴들. 입맛도 우리와 어찌나 비슷한지 만두와 비슷한 '모모' 라는 음식이 참 맛났다.

전반적으로 평화로운 마을과 아기자기하고 예쁜 상점들의 연속, 그저 가만히 있노라면 정말 평화롭구나 싶다. 티베트 사람들과 이들에 동화된 여행자들이 밤마다 광장에 모여 티베트 독립을 위해 의견을 나눈다고 하는데, 직접 보지 않는 이상 이 세상에서 가장 평화로운 마을로밖엔 보이지 않는다.

그들의 간절함이 묻어났던 걸까? 맥그로드간즈에 머무르는 동안 짬이 날 때마다 그네들이 소원을 비는 사원에 가서 그들의 주권을 위해 빌어줬다. 밝은 사람들의 얼굴에 걸맞은 밝은 미래가 오길 바라며…

해맑은
치킨 동냥 꼬마

살다가 거우 닭고기살 한 점에 희로애락을 느껴 볼 일이 있을까? 아마 내가 인도에 가지 않았더라면 그저 무심코 지나칠 닭고기 한 점이었을 것이다.

무사히 인도를 도착한 첫 날, '자유'라는 정체 모를 단어를 느껴보고 싶은 푸르디푸른 청년들과 한자리에 모여 앉았다. 저마다 홀로 배낭을 메고 날아온 젊은이들이 미지의 세계에서 한 줄기 빛 같은 존재이자, 한국을 느껴볼 수 있는 기분을 만났으니 바로 '치맥'이었다.

KFC가 있다는 소식을 접한 일행은 인도에서 필수인 '흥정'이라는 까다로운 과정을 과감히 버린 채 릭샤에 올라탔다. 그리고 치킨 버킷을 사서 뿌듯한 마음으로 한 아름 품에 안고 숙소로 돌아가기 위해 빠하르간지 인사이드 스트리트에 내렸다.

릭샤에서 내리는 순간, 고개를 돌리지 않아도 느낄 수 있는 시선과 웅성대는 목소리로, "케이 에프 씨." 함성을 지르는 인도 사람들. 인도에서 처음 접해볼 치킨에 침 삼킬 겨를도 없이 치킨을 추앙하는 시

선에 두려움이 커져 숙소로 가는 나의 발걸음은 정말이지 빨라졌다.

　내 빠른 발걸음에 동조하며 뛰어오는 어린아이의 발걸음. 채 세 살이나 되었을까? 검지 하나를 내펼치며 해맑은 웃음으로 나를 따라오는 꼬마. 맨발에 찢어진 옷, 떡이 진 머리, 누가 봐도 달리트(불가촉천민) 아이였다. 나 혼자만의 양식이 아니었기 때문에 꼬마에게 치킨을 줄 수는 없는 일. 못 본 척, 모르는 척 그냥 지나가려 했다.

　하지만 나는 계속 해맑은 미소를 지으며 따라오는 꼬마를 차마 외면할 수 없어 조용히 나를 따라오라고 몰래 신호를 준 뒤 골목길로 인도했다. 그곳에서 아이는 기대 어린 눈빛으로 나를 바라봤고 나는 아이에게 갓 튀겨져 따끈따끈한 치킨 한 조각을 건네주었다. 그러자

아이는 내가 본 표정 중 세상에서 가장 행복한 표정을 지었다.

순간 너무 멍해졌다. 나는 살면서 저 아이처럼 행복한 표정을 지은 적이 있었던가? 이 닭고기 한 점이 이 아이에게는 그렇게 큰 행복이란 말인가? 아이 손에 치킨 한 조각을 쥐여주고, 과연 내가 그 아이에게 치킨을 준 것이 잘한 행동인지 아닌지에 대해 많은 생각을 했다.

현재 인도 법률로는 폐지되었지만 실생활에서는 아직도 잔존하고 있는 인도의 카스트제도. 내게 치킨을 받아간 꼬마 아이는 불가촉천민이라 신분이 높은 사람은 물론 일반인으로부터도 무시당하는 계층이다. 어떻게 보면 태어난 게 죄인 이들은, 태어난 순간부터 구걸을 배운다. 구걸이 그들 사이에서는 너무나 자연스러운 일이기 때문에 정말 아무런 자존감이나 죄책감 없이 구걸을 한다.

인도에서의 KFC는 정말 돈이 있는 사람들만 이용할 수 있는 사치스러운 곳이다. 그렇기에 현재까지의 상황만을 봤을 때 이 아이가 앞으로 죽을 때까지 온전히 이 아이 혼자의 힘으로 KFC 치킨을 먹을 수 있는 일이 없을지도 모른다. 혹 운 좋게 구걸을 해 얻을지는 모르겠지만 말이다.

피맛을 본 짐승은 피맛을 잊지 못한다고 한다. 사람도 마찬가지다. 이 아이에게 내가 준 잠시의 행복이 앞으로 이 아이가 살아가는 데 있어 독이 될지, 약이 될지 모르겠다. 많은 갈등을 뒤로하고 아이가 행복하게 웃는 그 얼굴이 그저 좋았지만 내 가슴에서 끓어오르는 슬픔과 번뇌는 그날 밤 나를 이유 모를 죄책감으로 지새게 했다. 무사히 먹었기를, 맛있게 먹었기를… 그리고 제발 동냥이 당연한 것으로 여기지 않기를.

그곳에 가면 사랑하고 싶어져

흔하게 볼 수 있는 치킨 한 조각에 세상 모든 것을 다 가졌다는 행복한 표정을 짓는 꼬마에게, 앞으로 살아가면서 독이 될지, 약이 될지 모르는 치킨을 줄 수밖에 없었다는 죄책감이 날 저 바닥에 누워 있는 소똥보다도 못한 존재같이 느끼게 해서 슬퍼졌다.

참 맑은 눈동자를 가진 어린아이였는데…. 나는 참 행복하면서도 불행한 사람이었구나. 내가 가진 것을 인식하지 못하고 지난날 욕심을 더 부릴 때의 내 모습과 아무것도 없고 아무것도 없을 수밖에 없는 이들의 모습이 교차하는 순간, 뜬눈으로 밤을 지새워야 하는 괴로움에 시달렸다.

사람들은 참 사소한 것에 행복해하고 슬퍼한다. 세상이 사소한 것에 웃고 울도록 돌아간다면 참으로 좋을 텐데…. 감정에 솔직해 지도록 가만두지 않는다. 내 맘 같지 않다.

나 스스로에게 왜 태어났느냐고 물을 때가 참 많았다.
그런데 이곳에서는 그런 불평을 하면 안 된다.
내가 그런 질문을 스스로에게 던졌을 때,
엄마 품 안으로도 돌아갈 수 없는 사람이 너무나 많아진다.
그저 살아있는 모든 내 생체의 감각에게 감사해야만 한다.
그것이 현재의 인생, 즐거운 목적을 만들어 나가는 시발점이니…
미안한 만큼 의무를 져야 한다. 그것은 행복해야 한다는 사명이
아닐까?

떠날 때와
머무를 때

새로운 사람을 만난다는 것, 모르는 곳에 간다는 것,
둘 모두 여행이다.
오지로의 여행, 내면으로의 여행,
새로운 것에는 거부감, 불편함과 함께 낯설음에서 오는
궁금증과 신선함 같은 것도 다가온다.

그런데 나는 더 이상 신선함을 찾을 수 없는 삶을 살아왔고
여행을 가도 마찬가지일지도 모른다고 생각했다.
그러나 여행을 하면서 아주 조금은 달라졌다.

그건 아무래도 이해의 폭이 넓어졌기 때문일 것이다.
아무것도 갖지 않은 것 같은 빈손에
'그래도 많은 걸 가졌구나.' 라며
위로와 반성을 할 수 있는 계기를 마련해 주니까 말이다.

그러다 지겨우면 떠나면 되는 거고, 그래도 좋으면 머물면 되는 거다.
　새로운 곳에 도착해도 이삼일 지나면 다른 곳이 궁금해지는 게 사
람이니까 말이다.
　그런데 왜 자꾸만 목표지가 필요한 걸까?

　아무런 생각 없이 그저 발 닿는 대로 가보자.
　어차피 또 다른 곳이 가보고 싶어질 테니….

단순해지고 싶어서 염증을 덜고 싶어서 떠나는 여행에서도 똑같다.

염증은 똑같이 있고 내 주머니의 여비가 떨어지진 않을까 복잡해
지지.

그런데 여행이 조금 더 좋은 거라면, 조금이나마 팔짱끼고 바라볼
수 있다는 거야.

그것만으로도 염증은 조금 덜어지지. 내 일이라고 생각하는 순간
염증이 시작되니까.

한국을 떠나면 여행이 시작되는 줄 알았어.

비행기를 타면 편안하고 안락한 이상향으로 데려다 줄 것만 같았어.

그런데 인도는 매일 매일이 여행의 연속이야.

내가 역마살이 도졌나 싶을 정도로

전혀 다른 곳에 온 거 같은 느낌이 들거든.

책을 한 장 한 장 넘길 때마다 전혀 다른 세계가 펼쳐지는 것처럼.

사람들의 옷차림과 표정은 비슷해도 공기는 달라. 같은 땅, 같은 나라인가 싶을 정도로….

그래서 항상 기대되면서 항상 긴장 안에 나를 머물게 하지.

그런데 더 재미있는 건 반나절이면 나도 그 안에서 같이 숨 쉬고 웃고 있다는 거야. 처음의 긴장은 다 사라지지.

그러다가 싫증이 나고 그러다가 재미가 없어지면 다시 배낭을 메고 떠나면 되는 거야.

그려지지 않는 도시로 말이지.

그게 여행이야.

그러다가 떠나온 곳이 그리워지면 다시 돌아가서 머물면 돼.

그게 인도야.

블루라씨

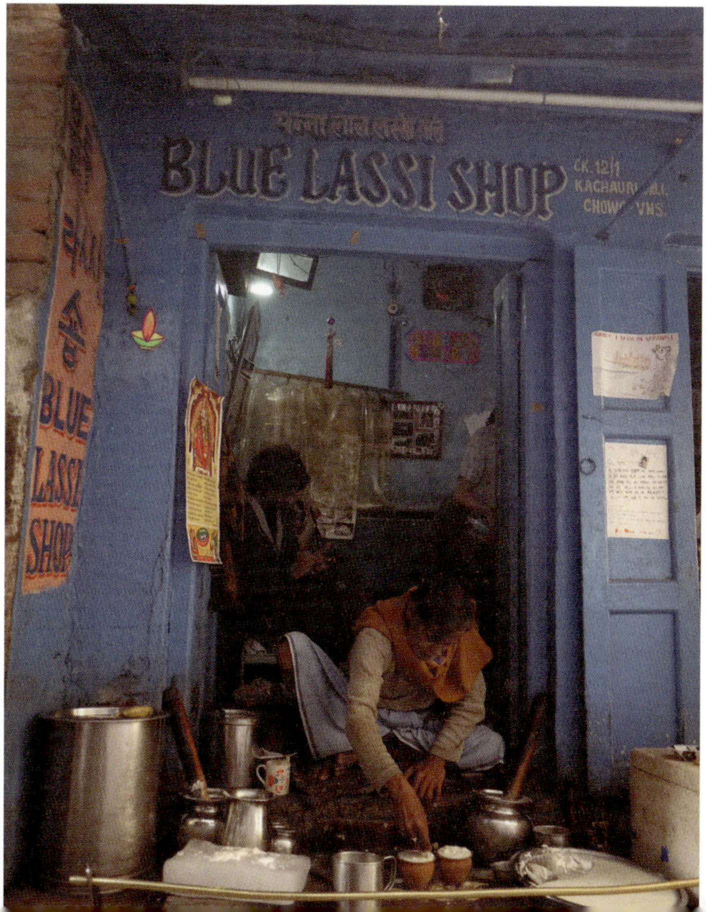
BLUE LASSI SHOP
CK.12/1
BLUE
LASSI
SHOP

바라나시에서 라씨가 가장 맛있다는 집 블루라씨.

이름처럼 가게는 온통 파란색이다. 청아한 파란색.

이른 오전부터 골목을 빠른 걸음으로 성큼 성큼 걸어가면

제법 상쾌해진 공기를 마시며 도착할 수 있는데,

아침 가게 문을 여는 건 할아버지가 하시는지

하루 중 유일하게 할아버지표 원조 블루라씨를 먹을 수 있는 시간

이다.

냉장고가 없거나 혹은 귀하게 볼 수 있는 인도에서

할아버지가 만들어주는 시원한 라씨는 정말이지 신세계다.

감히 여태 먹어본 것 중에서 가장 차다고 할 만큼 시원하다랄까?

아침 이른 시간에는 주변 상가에도 조금씩 얼음을 파는지,

얼음을 좀 달라며 얼굴을 내미는 상인도 많이 볼 수 있다.

할아버지표 라씨에는 얼음이 들어가기에 차디찬 시원함을 느낄
수 있고 그 맛이 참으로 꿀맛이기에 많은 외국인들이 모여 앉아 연신
'음…' 하는 감탄사를 연발하는 걸 볼 수 있다.

나는 시원하고 달달한 맛에 할아버지표 라씨를 먹기 위해

아침 일찍 일어나 빠른 걸음으로 라씨를 먹으러 골목을 누볐다.

인도 사람들은 나에게 걸음이 빠르다고 칭찬해줬고

가끔 골목에서 인도인과 누가 더 빨리 걷나 '배틀'이 붙기도 했다.

물론 그러다가 골목 한가운데 '소님'이라도 서 계시는 날엔 배틀

이 끝나지만 말이다.

그곳에 가면 사랑하고 싶어져

파란
낭만

라자스탄의 조드푸르(Jodhpur)는 블루시티로 유명한 도시죠. 브라만이 모여 살며 자기 영역을 표시하기 위해 집 문에 파란색으로 칠을 하면서부터 블루시티로 알려지기 시작했어요. 그러면서 차츰 블루시티라는 이름으로 세계적인 명소가 되면서 굳이 브라만이 아니어도 집집마다 파란 색칠을 했다고 해요. 그것이 지금의 조드푸르인 거죠. 우리나라에서는 영화 '김종욱 찾기'가 블루시티의 유명세에 더 큰 이름값을 보탰죠.

블루시티의 낭만을 찾아 조용하고 차분할 것 같은 조드푸르로 이동했어요. 덜덜거리는 동네 마을버스 같은 버스를 타고 무려 열 시간 정도 타고 말이죠.

막상 조드푸르 버스 정류장에 도착하니 정신이 하나도 없었어요. 소도시라 예상했던 제 생각과 달리 정말 큰 대도시였기 때문이에요. 언제나 그랬듯이 오토릭샤를 타고 도시의 중심 부근으로 이동했죠.

퀴퀴하고 매캐한 매연에 정말 소란스러운 시장

내 생각과는 정반대인 이곳은 다름 아닌 조드푸르예요.

블루시티의 평화로운 이미지와 정반대되는 시끄럽고 소란스러운

분위기에 여기 또한 인도구나 하는 걸 느끼게 되었어요.

청년이 된 인도랄까요.

짐을 풀고 정신을 가다듬기 위해 옥상에 올라갔어요.

좀 한적하다랄까?

옥상에서 바라본 도시의 풍경은 '넓다' 라는 단순한 느낌이었죠.

그리고 저 멀리 높게 솟은 타르 사막 위에 세워진 거대한 요새 메하랑가르 성이 보였고 저 성안에 살면 어떤 느낌일지 궁금해졌어요.

나는 허기진 배를 채우려 탄두리 치킨을 먹고 입가심으로 라씨를 마신 뒤 오토릭샤를 타고 메헤랑가르 성으로 향했죠.

긴 다리와 긴 눈썹을 가진 미남 릭샤왈라의 릭샤를 타고 말이죠.

조금씩 골목을 따라 올라가자

마음속에 환상의 도시가 펼쳐지기 시작했어요.

언제 시끄러웠느냐는 듯

새침하게 감추고 영혼의 푸른빛을 발산하는 도시들이

바다처럼 나를 좀 바라보라며

평온하게 마음을 가지라고 얘기해주는 것 같았어요.

그렇게 메헤랑가르 성벽 위에 서서 마을을 내려다보니

마치 바다처럼 세상이 푸르렀어요.

엄마 품에 안긴 듯한 그런 기분이 들죠.

무언가 신성하며 무언가 한없이 아름다운. 닿을 듯 닿지 않는 그런 푸른 도시요.

입장권을 사고 메헤랑가르 성으로 입장했어요.

성벽의 끝이 보이지 않을 만큼 가팔라서 정말 요새구나 싶을 정도

로 안전했어요.

그러나 웅장하지만 적의 침입이 과연 있었을까 싶을 만큼 따뜻한
그런 느낌이었죠.

성을 오르며 하나둘씩 구경하기 시작했어요.

마치 내가 이 성을 거닐던 왕이었다면 하는 기분으로 말이에요.

그런데 저 앞에서 사리를 입은 인도 여자들이 단체로 걸어 내려오
네요.

아, 고대에 메헤랑가르 성은 이런 느낌이었을까?

그들이 나를 보고 웃으며 다가와요. 사진을 한 장 찍자고요.

부끄럽지만 같이 사진을 찍어요. 언젠가 추억의 작은 부분에서 웃
어 보이고 있는 장면이 되겠죠.

그들과 몇 마디 깊지 않은 대화를 나눠요.

그래도 우린 느낄 수 있어요.

같은 곳에 있을 때면 비슷한 걸 느끼게 되니까.

좀 더 걸어 올라가니 고대의 유품들과 마하라자가 앉았던 대리석
의자, 왕의 전시실 등 왕족의 유품들을 많이 볼 수 있어요.

번쩍거리고 화려하고 우리의 것과는 다르지만

마하라자의 위엄을 증명해주듯 굉장한 규모였죠.

전쟁으로부터 안전을 보장받기 위해 만들어진 메헤랑가르 성.

메헤랑가르 성은 조드푸르를 대표하는 성이죠.

그곳에 가면 사랑하고 싶어져

그러나 이토록 웅장하고 멋진 메헤랑가르 성에도 슬픈 이야기가 전해지고 있어요.

죽은 남편을 따라서 여자들이 산 채로 화장을 당했던 사티 이야기.

메헤랑가르 성벽에는 여자들이 사티로 죽기 전에 붉은색 손도장을 남긴 흔적이 남아 있어요.

시바 신의 아내였던 사티 여신.

남편인 시바 신의 명예를 지키기 위해 산 채로 활활 타는 제단 속으로 걸어 들어갔다고 전해지는 사티 여신.

전설의 사티 여신 때문에 억울하게 죽어간 여자들이 한 둘이 아니죠.

파란색의 블루시티인 조드푸르, 붉은 사암 위에 지어진 붉은빛 메헤르가르 성.

라자스탄의 조드푸르에서 파란 낭만과 붉은 슬픔을 느껴보세요.

그곳에 가면 사랑하고 싶어져

오믈렛 집에서
빼앗긴 5루피

조드푸르에는 제일 맛있고 유명한 오믈렛집이 있다고 해서 기대하고 찾아갔다. 하지만 처음 오믈렛을 먹은 곳은 가짜 오믈렛 가게였다. 정말 맛이 없었는데 그는 자기가 오리지널이라 우겨댔다.

뭐 인도인이 우기는 건 하루 이틀이 아니라서 눈감아주기로 했다. 뭐 일단 맛이 없기에 '빵' 이라는 걸 단번에 알아차렸으나, 배고픈 자에게는 맛없는 빵이라도 귀한 음식이었다.

아침을 허접하게 때워서 그런지 점심은 맛있게 먹겠노라고 향한 곳은 오리지널 오믈렛 맛집이었다.

할아버지가 만들어주는 오믈렛이 굉장히 유명한 곳이었는데, 이곳에서 여행 도중 만난 반가운 인연들을 다시 볼 수 있었다. 오믈렛 가게는 슈퍼마켓과 이어져 있는데 큰아들이 슈퍼를 운영한다고 한다. 전화통화를 하면서 콩 다듬기 칼질을 하는 그가 신기해 사진을 찍었더니 5루피를 달란다.

내가 왜 그러냐고 물으니 자기 사진 찍은 값이란다. 그런 게 어디

있느냐며 못 준다고 버텼지만, 자기는 초상권이 있다며 어서 빨리 5루피를 내놓으란다. 치사하게… 삐친 표정으로 주머니에서 5루피를 꺼내 순순히 주자, 이번엔 또 실실 웃으며 500루피를 달란다.

장난인지, 진심인지 구분 안 되는 그의 심술 때문에 주변 한국인들과 오믈렛 만드는 할아버지가 그저 허허 웃는다. 할아버지는 자기 아들이 짓궂다며 웃어보였지만 나는 5루피를 끝내 건네주었다.

그러자 그는 나에게 사탕을 주었고 나는 그에게 장사 잘하는 비즈니스맨이라 칭찬해줬다. 그리고 나서 할아버지가 만든 오믈렛을 입에 넣자 정말 행복해졌다. 음 정말 특이하지만 오묘하게 맛있는 맛이랄까?

조드푸르에는 '김종욱 찾기'에 나오는 공유는 없고 고요도 없었지만, 맛있는 오믈렛은 있었다. 그리고 장난 가득한 오믈렛가게 첫째아들도.

첫 기차에
오르다

인도에서 처음 기차를 탄 날은 건조하기 짝이 없던 날씨에
단비가 내린 날이었다.

기차는 오후 6시 30분 열차였고, 뉴델리 역에서 타는 줄 알았던 내
생각과는 달리 제법 먼 올드델리 역이 내 첫 번째 기차여행 승강장이
었다. 거리가 제법 멀었고 비까지 내렸기 때문에 오토릭샤를 타고 올
드델리 역으로 향하는 내내 혹시나 기차를 놓치진 않을까 전전긍긍
했다. 물론 나중의 일이지만 꽤 인도 내공이 생겼을 때는 어차피 기
차가 연착할 게 뻔한데 굳이 기차역에 빨리 가야 할 필요가 있나 하
는 생각으로 느지막이 다니던 나였지만 말이다.

70루피면 될 거리를 100루피씩이나 줘가며 탄 릭샤였기 때문에
우리의 릭샤는 빈틈을 열심히 비집고 앞으로 나아갔다. 기차역에 도
착하자 해가 저물어 금방 어두워졌고 플랫폼에서 기차 정보를 확인
하고 인도 사람들에게 정확한 정보인지 물어물어 자이살메르
(Jaisalmer)로 떠나는 3번 승강장으로 향했다.

인도에서는 기차만 제대로 타도 인도 여행의 절반은 먹고 간다는 속설이 있다. 그만큼 타기가 복잡하고 연착도 심하고 안내방송조차 제대로 나오지 않아 힘든 것이 인도 기차다. 첫 기차인 만큼 제대로 기차를 타야 한다는 부담감에 난 피곤해졌고 정신도 산만했다. 그러다 우연찮게 가방을 내려다보니 지퍼가 열려 있었다.

"오 마이 갓!"

방심하고 복대를 풀어 가방에 넣어두었는데 가방 지퍼가 열려 있으니 어찌나 경악스럽고 놀랐는지…. 내 가방에 손댄 인도 사람을 찾아내 당장에라도 혼내주고 싶었다. 부랴부랴 가방 속을 뒤져보니 다행히 도둑맞은 것은 없었다. 아마도 막 훔치려던 순간에 내가 열린 가방을 발견한 것 같았다.

너무 놀라 복대를 배에 다시 차고 기차를 기다리기 시작했다. 액땜을 해서일까? 첫 기차였지만 운이 좋았는지 지연 출발은 없었다. 기차 외벽 예약자 명단에 반갑게 나와 우리 일행 이름이 올라온 것을 확인한 후 기차에 올라탔다. 인도 기차는 예약한 사람의 이름을 힌디어로 종이에 써서 타야 할 칸 외벽에 붙인다. 그래서 자신의 힌디어 이름이 궁금한 사람은 기차를 꼭 타보는 것도 좋다.

놀란 가슴을 진정시키며 기차에 올라타자 또다시 당황스러움에 빠져들었다.

"응? 이곳은 뭐지?" 뭐 이런 느낌? 그러나 곧 뭔가 혼재되고 절대 적응되지 않을 것 같은 이곳이 곧 재미있어 질 거란 생각이 들었다.

마치 게임 안으로 들어온 느낌이랄까? 온통 칙칙한 파란색과 회색
으로 이루어진 기차는 좁디좁은 통로에 빼곡히 모여 앉은 사람들로
붐볐다. 먼지 낀 창문에 작동하긴 할까 싶은 선풍기까지, 보기만 해
도 생각지 못한 재미난 일들이 벌어질 것 같은 광경이었다. 그것도
열여섯 시간 기차여행에서 이 모든 게 신기하다는 듯이 큰 눈으로 말
똥말똥 바라보는 인도 사람들과 같이 있을 생각을 하니 말이다.

내가 탄 칸은 슬리퍼 칸이었다. 슬리퍼 칸이란 자면서도 이동할수 있어 여행자들이 선호하는 칸으로, 1층은 세 명 정도가 앉을 수 있는 고정식 침대 겸 좌석이 놓여있고, 2층과 3층은 접이식 침대가 있는 칸을 말한다. 가장 편하고 안전해서 여행자들이 선호하는 제일 위의 어퍼시트(Upper seat)가 내 자리였지만, 우리 칸에 가득히 앉아있는 인도인들을 보고는 내 자리가 어딘지 알 길이 없었다.

나는 일단 짐을 내려놓고 이 분위기에 적응해야 할 것 같았다. 그러나 도대체 내 자리가 어딘지 모르게 빼곡히 앉아 있는 사람들 덕에 머릿속이 새하얘졌다. 잠시 숨을 고르던 나는 난생 처음 외국인을 본다는 듯 신기한 표정으로 나를 쳐다보는 사람들에게 물었다.

"실례해요. 여기 제 자리인 거 같은데요? 63번 말이죠."

혼란스러운 마음에 혼란스러운 마음 하나가 더해지는 순간이었다. 다시 한 번 용기를 내서 나는 그들에게 물었다.

"여기 제 자리 같은 데 좀 비켜주시겠어요?"

그러자 그들은 이해 안 간다는 표정으로 내게, "노노. 여기 앉아요."라며 자기 옆자리에 앉으라고 권했다. 나는 내 자리가 있음에도 불구하고 내 자리에 앉을 수 없다는 사실이 너무나 이상해 "왜요? 여기가 제 자리인데요?" 라고 되물었다.

그러나 아무런 반응이 없었다. 그래서 어색한 침묵 끝에 내 침대가 있는 어퍼시트로 올라가려고 하자 같은 칸을 쓰는 5명의 인도인들이 나를 제지했다. 내 자리에 내가 올라가겠다는데 왜 제지를 하는지, 너무 당황스럽고 답답했지만 못 올라가게 하는 인도인들의 말을 듣지 않았다간 몰매를 맞을 것 같아 짜증난다는 표정만 지은 채 통로에서 발만 동동 구르고 있었다.

그런데 그 순간 옆 칸에서 반가운 한국인의 목소리가 들려왔다.

나는 얼른 고개를 옆 칸으로 들이밀어 인사를 건넸다. 반가운 목소리의 주인공들은 한 명의 여자 가이드와 네 명의 남자 대학생들로 구성된 여행팀이었다. 나는 반가운 마음에 도움을 청하고자 내 상황을 설명했다.

"제 자리인 어퍼시트로 올라가려 하는데, 이 사람들이 제 자리에 못 올라가게 하네요. 원래 그런 건가요?"

그러자 가이드라는 여자가 나에게 짜증을 잔뜩 내며, "여기는 인도예요. 인도 사람들이 하라는 대로 해야 해요!"라고 언성을 높이는 게 아닌가?

무안해진 나와 그 여행자들은 벙쩌 있었고, 영문도 모른 채 같은 한국인에게 큰소리를 들으니 왠지 서글퍼졌다. 그래도 언제까지나 통로에 서 있을 수만은 없는 법 다시 침착히 물어보았다.

"죄송한데요. 제가 기차가 처음이라서 잘 몰라서 그래요. 제 자리에 못 올라가게 하면 저는 어디에 앉아 있어야 하죠?"

그러자 그녀는 더욱 황당하고 화가 난다는 표정으로 이렇게 쏘아붙였다.

"인도인들은 저녁식사가 끝날 때까지 어퍼시트에 누군가 올라가는 걸 싫어해요. 무언의 눈빛으로 신호를 줄 때까지 기다려야 한다고요."

그녀는 아주 사납고 신경질적으로 얘기했다. 내 맘속으로는 같은 한국인끼리 왜 저러는지 이해를 못해서 더욱 속상해졌다. 앉을 자리도 없고 내 자리로 올라가지도 못하게 하는 인도 사람들 때문에 나는 한동안 얼음이 된 상태로 통로에 서 있었다.

결국 옆 객차에 자리를 잡은 진이에게 전화해 자초지종을 설명하자, 진이는 일행 중 일정이 바뀌어 못 탄 사람의 빈자리가 있다며 나를 그리로 불러줬고 친절한 진이 덕분에 나는 다른 칸 어퍼시트에 올라가 몸을 눕힐 수 있었다. 반갑고 서러운 마음에 진이에게 자초지종을 설명하자 진이는 자기에겐 그런 일이 없었다며 오히려 어퍼시트로 올라가라고 자리를 내줬다고 했다. 진이는 내가 탄 칸에 사람들이 조금 특이한 것 같다며 마음 쓰지 말라고 위로해줬다. 뭐 그렇게 해서 속상한 마음이 풀렸다. 그래도 인도인들은 그렇다 치지만 같은 한국인인 여자 가이드가 내게 보인 반응은 날 속상케 한 건 사실이다.

진이의 위로 덕에 좀 전에 있었던 불쾌한 일을 잊고 나의 첫 기차 여행은 시작되었다. 어퍼시트에 올라가 침낭을 펴고 그 안에 들어가 있으니 너무나 행복했다. 나는 어퍼시트 위에 엎드려 사람들을 관찰하고 주변 분위기를 파악하기 시작했다.

대충 내 자리, 네 자리 할 거 없이 둘러앉아 있는 인도 사람들, 시도 때도 없이 가방에서 음식을 꺼내먹는다. 적응도 끝났고 아직 기차에 있을 시간이 많이 남았기 때문에 아래칸 인도 사람들과 인사를 나눈 후 내려가 그들과 함께 앉아 이야기를 나누기 시작했다.

조드푸르(Jodhpur)가 집이라서 간다는 노부부, 영어를 못해 다른 인도인이 통역을 해주며 대화를 했는데 영어로 말할 때마다 답답해서인지 인상을 찌푸리곤 했다. 나는 그들에게 웃으라고, 웃는 게 좋겠다고 강요했고 외국인에게 웃음을 강요당하는 장면이 너무 우스

웠는지 옆 칸에 있는 모든 인도 사람들이 구경하러 모여 들어 다같이
입가에 손가락을 대고 입술 양끝을 위로 잡아당기며 스마일 놀이를
했다.

그렇게 시간이 저물어가며 인도인들과 대화를 나누는 사이 기차
는 다음 역에 도착했고, 마치 서울 지하철 2호선을 연상케 하는 인파
가 밀어닥쳤다. 자리란 자리에는 모든 사람이 끼어 앉고, 서 있을 수
있는 공간에는 다 서 있었다. 도대체 이 시스템은 어찌 돌아가는지
참 의아하고 궁금했다.

20대 대학생이라는 사람들이 내 옆에 꼭 붙어 앉고, 또 일어선 채
로 포커를 쳤다. 인도말로 뭐라고 수군대더니 내게 진행을 해달라고
요청했다. 하지만 도무지 언어의 장벽을 넘을 수 없던 나는 미안하단
말과 함께 구경만 하기 시작했다. 그런데 그중 조금 잘생긴 인도 청

년이 나에게 자기 옆모습을 보여주며 어필하기 시작했다. 너무나 쉽게 읽히는 잘생긴 인도 청년 표정에 나는 그저 그를 귀엽게 받아 넘기기로 했다. 그렇게 그 청년들은 한참 동안 정신 사납게 포커를 치더니 그 다음 역에서 아쉽다는 표정을 뒤로한 채 내려야 했다.

계속된 정신없음 속에서 갑자기 고요를 되찾은 나는 급심심해졌고 눈을 돌려보니 너무 예쁜 인도 아기와 눈을 마주칠 수 있었다. 아기와 나는 까꿍 놀이를 하고 놀았고 그 광경이 신기해서인지 주변 인도인들이 모두 구경하기 시작했다. 아마도 피부색이 다른 아가씨가 아기와 잘 노는 모습이 신기해서인가 보다. 애기 엄마와 얘기를 나눠보니 그녀는 나보다 네 살 어렸는데, 아이와 함께 남편이 있는 곳으로 가는 중이라고 했다.

그런 식으로 나와 같은 칸에 있는 사람들과 모두 대화를 나누고 진이와 나는 기차에서의 첫 잠자리에 들었다. 불이 모두 꺼졌고 인도 사람들은 담요를, 외국인들은 침낭을 덮고 잠이 들었다. 하지만 우리 목적지인 자이살메르를 가기 위해서는 사막을 통과해야만 했다. 그래서 후드 모자를 뒤집어쓰고, 안경과 마스크를 쓴 채 침낭으로 머리를 다 덮은 후 잠을 청할 수 있었다. 그러나 그렇게 방비를 했음에도 미세한 모래 먼지 때문에 잠자는 사이에도 재채기가 터져 나왔다. 물론 이 모래 먼지는 사람을 가리지 않았다. 여기 저기 많은 칸에서 콜록콜록 기침소리가 메아리로 들려왔으니 말이다.

고단함에 정신없이 잠에 빠져들었다. 얼마나 잤을까? "짜이~ 짜이~"를 외치는 짜이 장수의 호객소리에 눈을 떠보니 어느덧 아침이었다. 아래 칸을 내려다보니 간밤에 인사했던 인도 사람들은 모두 내

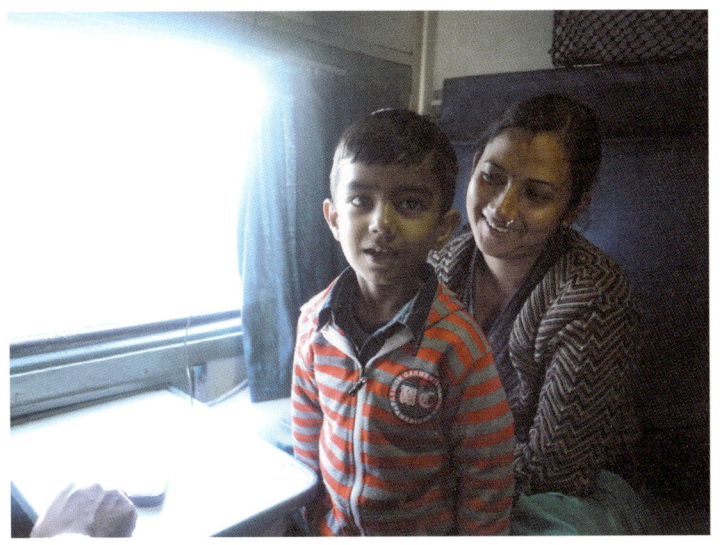

리고 새로운 인도 사람이 타고 있었다. 그는 담배를 피우는 허름한
차림의 아저씨였는데 나보고 인사를 하며 밑으로 내려오라고 권했
다. 그러나 조금 더 누워있고 싶던 나는 괜찮다며 엎드린 채 기차 칸
을 둘러보기 시작했다.

그러다 내 옆 칸 언더시트(Under seat)에서 나를 바라보던 인도
청년 두 명과 눈이 마주쳤다. 그러자 그들은 내게 카메라가 있느냐고
물었다. 인도 사람은 대체적으로 사진 찍는 것을 굉장히 좋아한다.
내가 카메라가 있다고 하자 그들은 포즈를 취했고 나는 그들 사진을
찍었다. 마침 건너편 어퍼시트의 진이도 일어났고 그들은 진이에게
도 사진을 찍어달라고 요청했다. 우리는 그들 사진을 찍어줬고 그들
은 같이 사진을 찍자며 밑으로 내려오라고 했다. 인도인과 대화를 나
누는 것도 무료한 시간을 때우기에 좋았기에 흔쾌히 아래층으로 내

려갔다. 그랬더니 그들은 내게 어깨동무를 하더니 은근슬쩍 스킨십을 하려고 했다. 불쾌했지만 나는 사람 앞에서 화를 내는 성격이 못 되었으므로 내 자리로 돌아가 그들과의 불쾌한 일을 피하는 것으로 대응했다.

그러나 잠시 후, 화장실에 다녀오느라 내게 일어났던 상황을 몰랐던 진이는 그들에게 똑같은 일을 당하려는 위기에 직면했다. 하지만 진이는 그들에게 "나 결혼했어."라는 거짓말로 위기를 모면하는 센스를 발휘했다. 그러나 유들유들한 그 인도 청년들은 강적이었다. 그들은 "그래도 상관없어, 결혼은 두 번 해도 돼."라는 뻔뻔한 멘트를 날렸다.

너무나 황당한 상황에 얼이 빠진 진이와 나는 잠시 멍하니 있었다. 그러다 그 짧은 사이, 멍해 있는 줄 알았던 진이가 허공을 잠시 응시하며 생각한 뒤 "언니, 원빈 사진 보여줄까?"라고 물었다. 나는 순수한 진이가 너무나 귀여워 침낭 속에 얼굴을 가리고 폭소를 터뜨렸다. 진이는 휴대폰을 꺼내 원빈 사진을 보여주며 "내 남편!"이라고 강조했고, 그들은 잘생긴 원빈 얼굴을 보며 "인도 사람?" 하고 되물었다.

한국의 대표 얼굴 원빈을 모욕한 변태 인도 남자들에게 화가 나서 진이에게 그냥 어퍼시트로 올라오라고 했다. 진이는 어퍼시트로 올라가 기분이 나쁘다며 그들을 노려보며 한국말로 중얼중얼 했다. 하지만 그들은 아랑곳하지 않고 다시 내려와 자기 옆에 앉으라고 꼬드겼다. 나와 진이는 그들의 뻔뻔함에 황당함을 느껴 침낭에서 조금 더 잠을 청해보기로 했다.

얼마간 잠을 잔 후 눈을 떠보니 다행히 그들은 내리고 없었다. 대신 또 다른 인도인이 우리 칸에 타고 있었다. 그는 아주 젠틀한 신사였고 묻지도 않았는데 목적지가 어딘지까지 알려주었다. 그렇게 내 첫 번째 인도 기차여행에서 인도 변태, 까칠한 인도 사람, 신경질적인 한국가이드와 함께 아주 친절한 인도 사람, 너무 귀엽고 사랑스러운 인도 아기와 젠틀한 인도 신사까지… 각양각색의 사람을 만날 수 있었다.

난 비록 첫 인도 기차여행에서 좋지 않은 일들과 조우하긴 했지만, 재미있고 다양한 인도인들과 심심할 겨를을 허락하지 않는 덜컹거리는 객차와 달리는 기차 밖으로 펼쳐지는 수채화 같은 풍경을 선물하는 인도기차가 어느새 좋아졌다. 게다가 5루피면 맛볼 수 있는 맛난 짜이도 함께하니 기차여행은 추억으로 오래 기억될 것이다.

그곳에 가면 사랑하고 싶어져

보트는
우정을
띄우고

바라나시에서 숙소를 가기 위해 나섰다가 가트 주변에서 길을 잃어버린 나와 소미 언니에게 작은 체구의 한 인도인이 다가와 말을 걸었다.

"도와드릴까요?"

너무나 능숙한 한국어 솜씨에 나와 소미 언니는 당황하면서도 웃음이 났다.

우리는 지도를 펼쳐 보이며 "라마 게스트 하우스로 가려고 하는데요."라고 하자 그는 친절하고 상냥한 웃음을 지어보이며, 인도 사람이라곤 도저히 믿기지 않는 한국어 실력으로 "이 계단으로 쭉 올라가서 바로 오른쪽으로 꺾으면 라마 게스트 하우스가 있어요."라고 알려줬다.

때마침, 지나가던 한국 남학생이 우리의 대화를 듣고 신기한지 멈춰 서 있다가 인도인의 말이 끝나자마자, "어? 당신이 그 한국 사람보다 한국말을 더 잘 한다던 보트맨 철수?"라고 휘둥그레진 눈으로 묻는 게 아닌가.

정신없이 빠른 말투로 이야기하는 한국 남자와 그 말투를 다 알아들으며 대꾸하는 인도인 철수, 그 두 사람의 모습이 어찌나 웃기던지…. 나는 마치 재미난 만담을 듣듯 그 자리에서 낄낄거리며 웃고 말았다. 그날부터 내 머릿속에 보트맨 철수는 한국 사람보다 한국어를 잘하는 '친절한 철수 씨'로 기억되었다.

숙소에 도착해 짐을 풀고 알라딘 바지로 갈아입은 채, 고마움도 표하고 보트도 타러 갈 겸 겸사겸사 친절한 보트맨 철수 씨에게 가기로 했다.

저 멀리서 한눈에 우릴 알아보고 새하얀 이를 드러내며 웃어 보이는 철수 씨.

"잘 찾았어요?"라는 철수 씨의 말에 "덕분에요!"라고 응답했고, "보트는 언제 타야 할까요?"라는 물음에 "5시 30분에 오세요. 그때가 제일 멋있어요."라는 철수 씨의 대답. 그래서 5시 30분에 철수 씨네 보트 선착장에서 처음으로 갠지스 강을 유람하는 보트를 타게 되었다.

보트맨 철수는 가녀린 몸을 이끌고 약 스무 명이나 태운 보트를 앙상한 팔로 힘차게 저었다. 그리고는 당당한 태도로 우리에게 바라나시에 대해 설명했다. 가트에서 멀어진 배는 강 건너편 모래톱에 도착했고, 거기서 우리는 저물어가는 해가 강물에 드리우는 광경을 바라보기 시작했다.

가트 건너편에서 바라보는 갠지스 강변의 풍경은 참 운치가 있었다. 뉘엿뉘엿 넘어가는 태양과 강물에 반사되는 햇빛, 그 둘이 어우러져 연출하는 분위기가 너무나 묘했기 때문에 마치 꿈꾸는 듯했다. 디즈니 애니메이션의 아나스타샤 공주 편을 보는 기분이랄까?

여름 우기 때 시체로 뒤덮인다는 이곳 갠지스에 왜 사람들은 영성을 찾으러 오는지 궁금해져서 철수 씨에게 질문을 던졌다.

"바라나시는 철수 씨한테 어떤 곳이에요? 처음 시체를 봤을 땐 무섭지 않았어요?"

내 질문에 양손을 절레절레 흔들며, "전 제가 바라나시에 태어난 것을 행운이라 생각해요. 사람들은 평생 이곳에 오는 게 소원인데 저는 이곳에서 태어났잖아요. 인도 사람들은 죽으러 이곳에 와요. 그런데 저는 그런 이 땅에서 태어나서 자랐죠. 얼마나 행복한 일인가요? 저는 참 좋아요."라고 말하는 철수 씨의 대답에서 자신의 존재가치를 인정한다는 느낌과 그의 영혼이 자유롭다는 것을 느꼈다. 아울러 서른두 살이나 됐다는 그가 참 순수하다는 생각도 들었다.

뿌자(Pooja)를 보기 위해 보트에 다시 올랐고 뿌자를 보는 동안 철수 씨는 핸드폰을 들여다보고 미소 짓고 있었다. 나는 궁금했다. 인도인이 핸드폰을 들여다보고 웃는 이유가 무엇인지. 그러자 철수 씨는 내게 핸드폰을 보여주며 말했다.

"제 와이프 사진 봐요. 헤헤. 저는 참 행복해요. 인도 사람들은 다 선봐서 결혼하는데 제 와이프 사진 봤을 때 너무 예뻐서 너무 행복했어요. 정말 예뻐요."

결혼한 지 이미 10년이 되었고 두 사람 사이에는 아들도 셋이나 있다는데 철수 씨는 완전 팔불출이었다.

그는 자상한 말투로 "내일은 와이프에게 사리(Sari)를 사주러 갈 거예요."라고 했다. 마침 사리를 사고 싶어 했던 나는 철수 씨에게 같이 가도 되겠느냐고 물었고 그는 흔쾌히 알았다고 했다. 그렇게 보트에서 내린 다음날, 철수 씨와 철수 씨 부인을 따라 사리를 사러 따라나섰다.

철수 씨 부인은 생각보다 훨씬 미인이었고 노란 사리를 입고 나타난 그녀는 정말 영화 속에 등장하는 여배우가 현실 세계로 내려온 듯한 느낌을 줬다. 여자인 나도 반해버렸으니 철수 씨야 오죽했겠는가? 그녀의 고운 미모만큼이나 아름다웠던 그녀의 성격. 그러나 영어를 못하는 그녀와는 제대로 된 대화를 할 수 없어 무척 아쉬웠다. 다행히 그걸 눈치챘는지 철수 씨는 다음날 점심시간에 우리를 집으로 초대했다.

철수 씨 와이프는 우리에게 정성이 깃든 음식을 한가득 차려주었다. 음식 맛은 정말 최고였고 이방인이 그런 대접을 받는다는 것에 너무나 감사해 속이 불편했지만 남김없이 먹었다. 그리곤 철수 씨, 철수 씨 와이프와 함께 철수 씨의 앨범을 한 장, 한 장 넘겨보았다. 인도 사람의 앨범은 우리와 많이 다를까?

우리는 흔히 갠지스 강가의 커다란 보트가 노을과 가트를 보기 위해서만 있다고 생각한다. 하지만 앨범을 보면서 알게 된 사실 하나. 신기하게도 그 커다란 보트들이 가끔 조정 경기를 한단다. 더구나 철수 씨는 그 조정 경기에서 1등을 차지한 적도 있다고 한다. 총각 시절 조정 경기에서 1등을 해 자랑스러운 포즈를 취하며 함박웃음을 지은 철수 씨 사진을 볼 수 있어 매우 좋았다.

사진 속 활력 있고 생동감 넘쳤던 젊은 철수 씨는 지금은 청춘을

그곳에 가면 사랑하고 싶어져

넘어 세 아이의 아버지가 돼 있다. 사진 속 철수 씨의 모습을 보며 나 또한 젊을 때는 조금 철이 없어도 조금 더 신나게, 조금 더 인생을 즐겨도 괜찮겠다는 위로를 받았다. 멋진 젊은 날이 있어야 멋진 다음 세대도 있는 거니까 말이다. 그렇게 철수 씨 집에서 화려한 점심을 하고 다음의 만남을 기약하면서 바라나시를 떠났다.

우리가 떠나기 전 철수 씨는 프랑스인 친구 사진을 보여줬다. 그러면서 각국에 친구가 있고 외국인들과 만날 수 있음을 감사하게 생각한다고 말했다. 또한 외국인 친구들을 만날 때면 인도가 덜 문명화된 상황에서 사람답게 살 수 있는 지혜를 배울 수 있기에 더 고맙다고 했다. 사람은 발전이 필요하다면서 말이다.

배움에 대한 의지가 있는 그가 더욱 아름다워 보였다. 사람은 잘 변하지 않기 때문에 나이가 들어갈수록 아집에 빠지게 되는데, 그럼에도 배우려고 하는 그의 긍정적인 자세가 내 마음속 편견을 깨는데 도움이 됐다. 철수 씨 내면에 자리 잡은 친절함과 상냥함, 그리고 배우려고 하는 철수 씨의 의지는 참으로 본받을 만했고 그런 친구가 내게도 있다는 사실에 마음이 따뜻해졌다.

바라나시를 떠나는 날 철수 씨는 그랬다. 언제라도 또다시 바라나시를 오면 기쁘게 맞아주겠노라고…. 다시 돌아갈 곳이 있다는 사실은 정처 없이 떠돌아다니는 여행자에게, 아니 머물 곳이 있어도 떠돌아다니는 우리 인간들에게 정신적으로 안정감을 주는 위안이다.

나를 기다려준다는 사람이 있다는 건 참 행복한 일이다. 다음에 인도를 가면 철수 씨의 귀여운 셋째아들이 훌쩍 자랐을 수도 있겠고, 또 내게도 흰머리가 생겨 철수 씨와 서로 쑥스러운 미소로 만날 수도 있겠다는 상상을 뒤로하면서 바라나시를 떠났다. 그때가 오면 더 능숙한 한국말로, 더 자상하게 보트를 저으며 강가로 와 반갑다고 손을 흔드는 철수 씨를 만날 수 있겠지.

215

영화관

IT 강국이자, 볼리우드(Bollywood)로 불릴 정도로 영화가 많이 제작되는 인도에서 빼 놓으면 안 되는 것, 그건 바로 인도 영화 보기였다. 평소 영화를 무척 좋아하는 나는 신이 나서 영화관으로 발걸음을 옮겼다. 물론 인도산 나풀나풀거리는 알라딘 바지에 인도산 쪼리 슬리퍼를 신고 골목을 뛰어서 말이다.

어찌 보면 말만한 처녀가 일곱 살 어린애처럼 촐랑거리며 뛰어가는 모습이 남들 눈에는 썩 유쾌해 보이지 않을 수도 있겠지만 영화를 본다는 설렘에 이까짓 굴욕쯤이야 괜찮다. 인도에 무슨 영화관이 있느냐고 묻는다면 한국에 김치가 어디 있느냐는 소리와 비슷하다.

영화를 보러 들어간 영화관은 최첨단 시설을 자랑했다. 인도답지 않게 팝콘도 팔고 아이스크림도 있어 한국과 별다를 게 없는 영화관이었다. 물론 영화관에 출입할 때 삼엄한 경비 앞에서 수색을 당해야 한다는 것만 빼고 말이다. 가방 검사에 주머니 검사까지… 마치 불심검문을 당하는 듯한 느낌이다.

내가 인도에서 처음으로 보게 된 영화는 '아그니파스(Agneepath)'
라는 액션영화였다. 힌디어를 알아들을 수 없어 내심 찜찜했지만,
어쨌든 기대 반, 설렘 반으로 영화관에 입장했다.

　영화관에 들어가자마자 내 입에서 나온 말은 '오 마이 갓! 경탄
그 자체였다. 내 편견과는 달리 우리나라 영화관 뺨치게 세련된 시설
에 내 두 눈은 휘둥그레졌고 처음으로 인도가 색다르게 보였다. 사실
팝콘이 있는 것도 신기하고 아이스크림이 있는 것도 신기했지만 영
화관 내부까지 이렇게 최첨단일 줄은 꿈에도 상상하지 못했기 때문
이다. 영화관 밖의 세상과 비교하면 전혀 다른 세상이었다.

　어쨌든 이제 영화가 어떤지 감상해볼까 하며 양쪽 팔걸이 위에 편
안히 내 두 팔을 올린다. 조금은 촌스럽지만 웅장한 사운드와 함께
영화는 시작되었다. 대략적인 줄거리는 권선징악. 시작하자마자 말
도 안 되는 음모로 말도 안 되게 사람이 죽고, 시작한 지 3분도 채 지
나지 않았는데 산모가 아이를 낳으러 가자마자 1초 만에 울음소리
도 없이 아기가 태어난다. 몇 초 지나자 장면은 바뀌어 아기는 어느
덧 성인이 되고, 언제 그랬느냐는 듯이 황당할 만큼 빨리 모든 사건
의 경위가 드러나게 된다.

　날카롭고 뾰족한 칼에 열 번은 넘게 찔렸음에도 죽지 않고 살아나
서 기적을 행하는 주인공. 아무런 인과관계도 설명되지 않았지만 전
개가 빠르고 황당한 데다 음악도 극적으로 상황에 알맞게 변했다. 결
국 한 마디도 알아들을 수 없었던 힌디어 또한 대략 알 수 있게 됐다.

　엄청나게 빠른 극 전개에 영화 내용을 다 이해하는 내 자신이 너
무 웃겨, 옆에 앉은 친구에게 인도인으로 빙의해 더빙 특유의 말투를

따라하며 더빙까지 해주는 나를 발견했다. 뭐 이 정도야 식은 죽 먹기다. 황당하지만 누구나 장면과 음악만 들으면 쉽게 내용이 들리니깐 가능하다.

"자 이제 내 차례야.", "한번만 용서해주세요.", "(무섭게 노려보며 손가락으로 가리키며) 쟤가 그랬어요." 등등 내가 더빙을 따라할 때마다 친구는 배꼽을 쥐고 자지러졌다.

그렇게 처음으로 본 아그니파스는 인도 특유의 분위기를, 인도 사람의 문화를 알 수 있게 해주는 영화였다. 악당을 물리칠 때 내 주변을 둘러싸고 들려오던 굉장한 효과음에, '역시 인도 영화는 발리우드라고 불릴 정도로 발달했다던데 정말 그런가보다.' 하고 감탄했었는데, 알고 보니 영화를 보던 인도 관중이 영화 도중에 소리를 지르고, 휘파람을 불고 손뼉을 치면서 죽여라, 살려라를 외치던 소리였던 것이다. 설마 영화 자체의 서라운드 효과음이었겠지 했던 것도 모두 다 말이다.

갑자기 영화를 잘 보던 인도 청년들이 자리에서 일어나 손을 위로 들며 "죽여라!"를 연신 외칠 때는 '이게 도대체 뭔 상황이지?' 하는 느낌과 '그것 참 재미있다.' 라는 생각을 동시에 할 수 있었다. 한국에서는 상상도 할 수 없을 만큼 영화에 몰입하고 영화에 참여하는 사람들을 보면서 매우 즐거웠다. 그래서인지 나도 더 편하게 영화에 몰입할 수 있었던 것 같다.

그렇게 어디를 가나, 심지어는 조용하고 예의 있게 관람해야 하는 영화관에서조차도 인도인들 특유의 유쾌하고 열정적인 영화관 문화를 겪어보니, 어딜 가도 인도는 축제 분위기라는 여행자끼리의 농담

219

이 떠올랐다. 아무튼 재미있게 인도영화를 보고 나니, 기회가 되면 다음에는 꼭 심야영화를 봐야겠다고 생각했다. 그 심야영화를 볼 때는 나도 그들처럼 함께 휘파람을 불고, 함께 소리를 질러 내심 그들의 문화에 동조하고 싶어졌다.

집에 돌아가는 길에 이렇게 멀리까지 시내에 나오지 않아도, 우리 호텔 가까이에 영화관이 있다는 사실을 알게 되었다. 그래서 지나가는 길에 들려 바로 심야영화를 예매했다.

이 심야영화관은 지난번 갔던 영화관보다 조금 더 큰 영화관이었는데, 밤이라 그런지 사람이 많지는 않았지만 내 또래 남자애들 몇 그룹이 보였다.

이번에 본 영화는 인도의 로맨틱 코미디 영화인데, 마치 할리우드 영화처럼 달달했다. 엄청난 부자인 남자 주인공이 사랑을 찾는 신데렐라 스토리를 그린 영화인데, 나도 완전 푹 빠져서 사랑을 그리는 소녀가 된 느낌이었다. 내 옆줄에 앉은 인도 남자애들도 영화에 빠졌는지, 낙타같이 커다란 눈이 우수에 빠져 지난번 액션영화를 볼 때처럼 소리를 지르는 사람은 아무도 없었다. 그저 인터미션 때 서로 눈빛 교환을 하며 닭살스럽게 관람했을 뿐이었다.

영화를 보다가 주인공에게 홀딱 빠져든 나에게 인도 남자가 묻는다.

"정말 멋있죠?" 갑자기 물어 당황스러움에 그저 "네."라고만 대답하자 그가 날 그윽한 눈빛으로 바라본다.

'우왝~ 얘 모야?' 난 그냥 신경 끄고 영화를 봤다. 자기들도 재밌는지 금방 영화 속으로 빠져든다.

영화 분위기에 푹 빠져드는 인도 사람들. 지난번 액션영화 때는 소리를 지르고 환호성을 지르더니 이번에는 무드에 맞춰 조용하고 수줍게 관람한다. 지난번에 봤던 모습과는 달라서 짐짓 당황스럽기까지 하다.

인도인들이 영화를 관람할 때는 교양도 격식도 없다. 옆 사람에게 말을 걸고, 자기들끼리 큰소리로 수다 떨고, 심지어는 큰 목소리로 전화도 받는다. 그런데 그런 격의 없는 상황이 낯설다기보다는 오히려 재밌기만 하다.

반쯤 미쳐야 세상이 재미있다는데 인도 영화관 문화 역시 반쯤 미쳐서 그런지 참 재미있다. 예절을 지켜야 몰입할 수 있을 것만 같은 영화도 예절이라는 격식조차 없이 관람하니 더 자연스럽게 몰입해 관람할 수 있었다. 예절이라는 것이 없는 게 그곳만의 독특한 예절이었다.

라면의
세계화

인도를 여행하다 보면 웬만한 도시에서는 무척이나 반가운 한국 라면을 종종 만날 수 있다. 물론 주문 후 음식을 입에 넣기까지는 30분 내지 한 시간 정도는 기다려줘야 하지만 말이다.

그렇게 귀한 라면으로 끼니를 때우던 어느 날 나는 내가 끓인 라면이 먹고 싶어졌다. 같은 라면이라도 끓이는 방법에 따라 맛은 천차만별이기 때문이다. 그래서 잠시나마 친해졌던 보나카페 주방장에게 슬금슬금 다가가 뻔뻔한 표정과 조심스러운 목소리로 내가 라면을 끓여도 괜찮겠느냐고 묻자, 그는 알 수 없는 흥미를 느꼈는지 알았다는 표정으로 허락했다.

나는 염치없이 주방에 들어가 라면을 끓였다. 물이 딱 알맞아 한국에서 먹는 라면처럼 맛이 기가 막히게 잘 배어나왔다. 냄비도 말 그대로 물을 끓이는 용도의 작은 그릇 정도였기 때문에, 알맞은 양의 물이 순식간에 쫄아 없어지기 일쑤였다. 물론 나만의 노하우로 부글부글 끓을 때마다 조금씩 물을 첨가해 국물 양을 맞췄지만 말이다.

카페를 찾은 외국인 손님이 주방까지 들어간 것도 모자라 돈까지 내고 직접 라면을 끓여서 먹겠다고 하니, 그네들이 생각하기에 우스웠든지 아니면 외국인 손님이 라면을 끓이는 모습이 신기하고 재미있었는지, 보나카페 주방식구들은 흥미로운 표정으로 나의 일거수 일투족을 지켜봤다. 그러면서도 그들은 내가 라면을 끓이는 과정도 흥미롭게 지켜봤다. 여러 사람에게 내 모습이 비쳐지다보니, 라면 하나 끓이는데 들어가는 5분이라는 시간이 무척 부담스럽고 길게 느껴졌다.

드디어 내가 끓인 라면이 완성되었다. 나는 혼신의 힘을 다해 끓인, 내 역작 라면을 정성스럽게 그릇에 옮겨 주방 밖으로 가지고 나갔다.

내가 끓인 라면을 기다리던 친구들은 가게를 방문한 이스라엘 여

행자 두 사람과 대화의 꽃을 피우고 있었다. 이스라엘 여행자들은 주방에서 라면을 끓여 가지고 나온 나를 보고 그 광경이 재미있었는지 신기한 표정으로 웃었고, 아직 주문을 안한 터라 내 라면을 맛봐도 되겠느냐고 물어왔다. 나는 자랑스러운 표정으로 한국 사람들이 사랑하는 라면이라 맛이 최고라고 자찬하며 흔쾌히 허락했다.

내 말이 떨어지기 무섭게 이스라엘 여행자들은 라면을 한 입 후루룩 먹었다. 매운맛 때문에 빨개진 얼굴로 코를 훌쩍거리는 이스라엘 청년. "맵지만 정말 맛있네요!"라며 눈물로 반짝이는 눈을 하고 한국 라면을 주문한다. 물론 같이 온 그의 친구까지도 말이다. 좀 덜 매웠으면 하는 눈치지만, 그것 또한 맛있는지 연신 엄지를 치켜들며 "베리굿! 베리굿!"을 연발한다.

그렇게 해서 나는 한국 라면을 이스라엘 친구들에게 전파시켰다. 매워도 아주 맛있다는 이스라엘 친구들에게 인도에서 한국을 느낄 수 있게 해줬던 나는 한류 전도사임이 틀림없다.

맥도날드의
후광

다르질링에서의 아쉬움을 뒤로하고 델리로 떠날 때까지, 나는 그때까지도 바라나시에서 얻었던 감기와 장염으로 고생하고 있었다. 그래서 인도 특유의 향신료가 든 음식은 못 먹고, 기차 안에서 델리까지 이동하는 48시간 동안 먹을 수 있던 건 오로지 감자칩 두 봉지가 전부였다. 그래서 나는 쫄쫄 굶는 시간을 보내야 했다.

그렇게 기차가 종착역인 올드델리 역에 도착했을 때, 나와 진이는 오로지 빠하르간지에 있는 인도방랑기 카페에 가서 한국밥을 먹을 생각에 들떠, 다른 생각은 아무것도 하지 못할 정도였다. 내가 그렇게 배가 고파 눈이 뒤집혀지기는 24년을 살면서 처음이었다.

그렇게 곧 먹을 밥 생각에 있는 힘, 없는 힘 모두 쥐어짜 올드델리 역을 내려가는데, 저 앞에 뭔가가 빛이 나고 있었다. 그것도 아주 환한 황금빛이다. 내가 잘못 봤나? 메시아가 나타났나? 이제는 너무나 배가 고파 헛것이 보이는 건가? 믿을 수 없을 정도로 밝은 광채에 놀라 눈을 비비고 다시 바라보니, 노란색 황금로고를 반짝이며 광채를

뿜어내는 맥도날드가 저 앞에 보이는 것이다.

목마른 사막에서 만난 오아시스 느낌이랄까? 너무나 기쁜 나머지 나는 진이에게 "진아! 저기에 맥도날드가 있다!!"고 신이 나서 환호성을 질렀다. 꼬질꼬질한 모습으로 마치 정신 나간 사람처럼 방방 뛰며 소리를 지르니, 올드델리 역에 있던 인도 거지들조차 '뭐 저런 촌스러운 애가 다 있어?' 라는 표정으로 날 바라본다.

난 그들의 시선 따위는 신경도 쓰지 않고 한달음에 맥도날드로 달려가 치킨버거를 주문했다. 배고픔과 탈진으로 가게 문을 열 힘조차 없었지만, 행복한 표정으로 걸신들린 사람처럼 달려가니 무장경비원이 환하게 웃으며 문을 활짝 열어준다.

행복하고 초조한 얼마간의 시간이 흐르고 주문한 치킨버거가 나왔다. 양상추가 얼마 들어있지도 않은 볼품없는 버거지만, 입으로 들어가는지, 코로 들어가는지 모르고 마구 입 안으로 쑤셔 넣었다. 일단 입에 넣을 수 있다는 사실로만으로도 행복해 터질 듯한 입 안의 햄버거들을 제대로 씹지도 않고 꿀꺽 삼켰다.

바삭하게 튀기지 못한 치킨 패티도, 얼마 들어있지도 않은 채소도 완벽하게 만족스럽지는 않았지만 너무나 황홀한 한 끼였다. 48시간 동안 굶고 나서 먹을 수 있는 음식이 있다는 사실 하나로 모든 것들이 아름답게 보였던 시간이었다.

그 사건 이후로 나는 인도에서 맥도날드만 보면, 줄리엣의 창문이 열리기를 바라는 로미오가 된 것처럼, 나도 모르게 잰걸음으로 냅다 달려가곤 했다. 그럴 때마다 무장경비원은 당황한 낙타눈으로 나를 바라보며 재빨리 문을 열어주곤 했다.

난 인도에서 맥도날드교의 은총을 입었다. 지치고 힘들었던 내게 다시 부활할 수 있도록 맥도날드가 커다란 은총을 내렸기 때문이다. 그러나 그런 나도 가끔 맥도날드교에 배신감을 느낄 때도 있었다. 내게 향신료를 넣어준다거나, 감자튀김을 빼거나 순서가 늦어져서 뒤로 밀려 기다리게 할 때가 바로 그때였다.

그곳에 가면 사랑하고 싶어져

싸우고
이기고
웃고
울고

기다리기 싫던 아침이 왔다. 그랬다. 그날이 다가오는 게 반갑지 않아 기다림마저 더뎌지던 날이다. 시간이 이렇게 빨리 흘렀는지, 나는 인도를 떠나야 하는 마지막 날 아침에 처음 인도에 발을 내디뎠던 빠하르간지(Pahar Ganj)로 다시 돌아왔다.

마지막 날이어서 그런가, 아니면 여행을 다 마친 후 돌아와서 그런 것인지 몰라도 빠하르간지에 첫 발을 내디뎠던 그날 느낌과는 다르게 무척이나 공기가 상쾌하게 느껴졌다. 내 여행의 출발지였던 곳이 여행의 종착지가 돼서 그런지 그날 아침 빠하르간지의 기운은 약간의 설렘과 함께 무언가 변한 듯한데 변하지 않은 느낌이 들어 상쾌했는지도 모르겠다. 마치 타임머신을 타고 과거로 갔다가 돌아온 기분이랄까?

새벽 비행기를 타고 돌아가야 해서 나보다 하루 더 늦게 떠나는 진이가 체크인한 호텔에서 시간을 보내기로 했다. 기차를 48시간이나 탄 이후였으니 돌아다니기보다는 조금 쉬고 싶었기 때문이었다. 그러나 내게 남은 1분, 1초가 아쉬웠던 나는 결국 진이 방에 짐만 맡겨놓고 비행기를 타기 전까지 인도를 더 느끼겠다고 생각을 바꿨다.

진이는 빠하르간지에서 가장 좋다는 호텔에 방을 잡았다. 빠하르간지에서 가장 고급스러운 곳에서 하루 정도 머무는 것도 꽤나 좋은 경험이 될 테니까 말이다. 항상 150루피 정도만 내고 묵었던 숙소에 비해 무려 700루피를 지불했으니 방이 좋은 건 당연했다. 나와 진이는 바로 밖으로 나가 처음 빠하르간지에 도착했을 때의 기억을 되살리며 시내를 돌아다니기 시작했다. 이렇게 뒤돌아보는 건 그간의 나를 바라보는 계기가 되어주기도 하니까.

해가 저물어 진이가 묵은 호텔방에서 떠날 채비를 하며 이야기를 나누고 있는데 방으로 전화 한 통이 걸려왔다. 전화를 받은 진이의 표정은 금세 어두워졌고 카운터로 내려가 봐야겠다고 했다. 심상치 않음을 감지한 나는 곧바로 진이를 뒤따라 내려갔다. 카운터에는 세 명의 인도 남자가 있었는데 그들은 나를 보자마자 다짜고짜 소리를 지르며 화를 내기 시작했다. 영문인 즉, 우리 두 사람이 한 사람 방값을 지불하고 몰래 둘이 숙박을 하려고 한다는 것이었다.

하지만 체크인하기 전에 이미 나는 오늘 밤 비행기로 떠나기 때문에 진이 방에 잠시 머물다 갈 것이라고 분명히 얘기해 두었는데, 이들이 화를 내며 소리를 지르니 기분도 상하고 납득도 가지 않았다. 이들에게 다시 한 번 나는 오늘 밤 비행기로 떠날 것이니 당신들이 우려할 일은 생기지 않을 거라고 이야기했다. 그럼에도 이들은 나에게 거짓말을 하지 말라며 숙박비를 안 내고 몰래 자고 가려고 하는 걸 다 안다고 이야기를 하는 것이었다.

이유를 설명해 주었음에도 소리를 지르는 예의 없는 인도인 때문에 마지막 여행의 마무리가 불쾌해진 나는 참 속상했다. 이유를 말했음에도 계속 따지고 소리 지르는 인도인 때문에 화가 난 나는 내 친구가 빌린 방이고 그곳에서 내가 잠을 자는 것도 아니고 잠시 머물겠다는데, 너희가 나한테 왜 이러느냐고 말하자 그건 자기네 룰이라며 말을 만들어 내기 시작했다. 그러면서 심지어는 돈을 더 내라고 요구하기 시작했다.

이들의 뻔뻔함에 화가 끝까지 난 나는 속상함에 눈물이 더해져 인도 사람들 정말 좋아했는데, 당신들 때문에 인도 사람에 대해 실망했고 다시는 인도에 오지 않겠다고 얘기했다. 언젠간 들은 이야기론 인도 사람들은 돈독이 오르긴 했지만, 그래도 정에 약하고 마음이 여리고 자부심이 강하기 때문에 싸우다가도 울면서 화해하는 게 인도 사람이라는 말이 떠올라 속상한 마음에 의도적으로 언사를 만들어 막 내뱉은 거 같다. 그랬더니 바로 이 사람들이 내게 미안하다고 한다.

이왕 미안할 거였고, 이미 잘못된 것인 줄 알았으면 아예 말을 꺼내지 말든지…. 그들의 이중적인 태도에 너무나 화가 난 나는 그 자리에서 올라가 배낭을 메고 당장 그 호텔 밖으로 박차고 나와 버렸다. 혼자 씩씩거리며 왜 마지막 날에 이런 일이 생겨야 하나라는 생각에, 닭똥 같은 눈물을 두 뺨에 흘리며 배낭을 메고 잔뜩 속상한 채로 인도 친구들을 만나러 갔다. 처음으로 내 심상치 않은 표정을 본 인도 친구는 무슨 일이냐며 조심스럽게 내게 물었다.

"나 오늘 한국으로 돌아가. 그런데 인도 사람이랑 싸워서 기분이 좋지 않다."

"무슨 일이었는데? 너무 속상해 하지 마."라고 위로해 주는 인도 친구, 난 천천히 자초지종을 이야기했다.

"음… 그 사람이 이상한 거야. 사장 몰래 한 푼이라도 더 얻어내려고… 그런데 빠하르간지에는 그런 사람이 많아. 시골은 안 그렇거든. 신경 쓰지 마."

뭐 이미 돌이킬 수 없었기에 묵묵히 그의 말에 고개를 끄덕일 수밖에 없었다.

그는 인도방랑기 골목 오토바이 위에 항상 앉아 있는 인도 남자였는데, 내가 준 콜라를 맛있게 마시면서 언제가 될지 모르는 마지막 인사를 건넸다.

"또 와. 그리고 잊어, 나 같은 좋은 친구도 있잖아." 하며 말이다.

한국행 비행기를 타기 위해 공항으로 가는 길에 진이에게서 문자가 왔다.

"언니 가고 숙소에 돌아갔는데, 호텔 직원들이 미안하다고 발을 동동구르고 난리가 났어요. 울면서 상처주려고 한 건 아니었는데 미안하다고 꼭 전해달라고…"

언제 어디서든 거짓은 오래가지 못하고, 언제 어디서든 악한 짓은 선한 사람을 넘어설 수 없는데, 용서를 구해야 하는 어리석은 행동에 화가 나면서도, 일견 그럴 수도 있겠다고 용서하는 내 마음이 복잡해졌다. 뭐 그래도 괜찮다. 나에겐 좋은 친구가 있으니깐….

그곳에 가면 사랑하고 싶어져

모자 가게에서

사막 사파리를 떠나기 위해 모래 바람과 강렬한 태양을 막아줄 챙이 넓은 모자를 구입하러 자이살메르 성안에 있는 모자 가게에 들어갔다.

어떤 모자가 있나 매장 안을 둘러보다보니, 나보다 먼저 들어온 유럽 아저씨도 모자 구경이 한창이다. 마음에 드는 모자가 있어 가격을 물어보려고 하는데, 그 아저씨도 내가 찍었던 모자를 붙잡고 주인에게 가격을 물어보니 600루피란다. 오호 제법 비싸다.

그 아저씨 부인도 가격에 놀랐는지 꽤 비싸다고 두 팔을 들어 올리며 반대하는 듯한 표정을 보인다. 하지만 유럽 아저씨는 그 모자가 아주 마음에 들었는지 망설이지 않고 모자를 구입한다. 그러나 처음부터 다 지켜본 나는 왠지 모자 가게 주인이 바가지를 씌우는 듯한 느낌을 강하게 받았다. 인도 물가로 따져봤을 때 터무니없이 비싸게 불렀으니까 말이다.

나도 그 모자가 맘에 들던 터라, 똑같은 모자를 집어 들고, 난 아무것도 모른다는 표정으로 흥정에 나섰다. 내가 먼저 "150루피?"라고

묻자, 모자 가게 주인은 "노노!" 하면서, 살짝 눈치를 보더니 "250루피."라고 말한다. 여행 기간에 인도인들이 하도 바가지를 씌어대다 보니, 이제는 내가 먼저 싼 가격을 부르고, 나중에 흥정에 돌입하는 지능적인 인도 스타일을 터득한 것이다.

아무튼 유럽 아저씨에게 600루피에 판 모자가 내게는 250루피라니…. 그 상술이 너무 우스워 "왜 아까 유럽 아저씨에게는 비싸게 팔았느냐."고 물었다. 그랬더니 그는 천연덕스럽게 미소를 지으며, "비밀인데, 그건 유러피언 프라이스(European price)야."라고 귓속말을 한다. 그 사람의 행동과 말이 너무 재밌어 나도 모르게 "유러피언 프라이스!"라고 크게 말했더니, 그는 얼른 주위를 둘러보더니 내게 '쉿!'이라며 손가락을 입술에 갖다 댄다. 그러더니 친구와 둘이 왔으니, 인심 써서 230루피에 팔겠노라고 짐짓 호기까지 부렸다. 사실 내가 보기에 그 모자는 100루피에 팔아도 손해가 날 거 같지 않은 모자였지만 말이다.

모자를 사고 나가려고 하자, 그는 내게 어디서 왔고 학생이냐고 물었다. 나는 한국에서 왔고 대학생이라 답했더니 그는 놀라는 표정을 지으며 고등학생인 줄 알았는데 대학생이냐며 신기해했다. 기분 좋은 사탕발림에 내가 고맙다고 답하고 당신은 몇 살이냐고 묻자, 그는 무려 자신의 나이를 스물두 살이라고 했다. 컥!! 나는 깜짝 놀랐다. 겉보기에는 적어도 서른다섯 살은 되어 보이는데, 나보다 무려 두 살이나 어리다고 하니 말이다.

나는 모자 가게를 운영하는 데다 외모조차 30대 중반 정도로 보여 깍듯이 대했는데, 그 얼굴에 그 옷차림을 한 모자 가게 주인이 나보다 나이가 어리다는 사실에 쇼크를 받았다. 내가 충격 받은 표정을 그에게 들키면 얼굴이 늙은 그가 상처를 받을까봐 애써 웃으며, 날 보고 '누나' 라고 부르라며 한국어 강습을 시작했다.

나는 막상 그에게 '누나' 라는 정감어린 한국식 호칭을 알려줬지만, 그 얼굴로부터는 절대로 누나라는 말을 듣고 싶지 않아 그가 누나라는 말을 배우자마자 가게 안에서 도망치듯 뛰쳐나왔다. 뭐 느끼한 표정에 나이답지 않은 얼굴을 한 인도 동생 덕택에 모자를 싼 가격에 샀기 때문에 짐짓 미안함도 마음 한구석에 자리 잡긴 했다.

늙었지만 느끼한 스물두 살의 인도 청년을 보고 싶다면 자이살메르 성문 바로 왼쪽에 위치한 모자 가게에 가면 된다. 그는 오늘도 느끼한 미소로 '유러피언 프라이스' 와 '로컬 프라이스' 로 무장한 채, 기가 막히게 돈 냄새를 맡으며 천연덕스럽게 웃으며 장사를 하고 있을테니까 말이다.

물티슈와
소녀

아그라로 가기 위해 버스 터미널에 도착했다. 파리가 날리고, 창문도 문도 없이 뻥 뚫린 것이 제법 인도스러운 사무실이었다.

그래도 의자가 있다. 이런 시설에 의자가 있다는 게 그저 반가워, 버스를 기다리며 의자에 앉아 물티슈로 더러워진 몸을 닦고 있었다.

그러자 물티슈로 몸을 닦는 광경이 신기한지, 아니면 이방인 여자가 신기한지 무슨 잔치라도 벌어진 듯 내게 시선을 집중하는 인도인들. 이방인을 저 먼 나라에서 잡아온 신기한 동물이라도 되는 양, 날 둘러싸고 구경하는 사람들의 시선들. 이젠 익숙할 때도 됐는데 그들이 신기한 눈빛으로 날 바라볼 때면 나 또한 그들이 신기해진다.

창문도 문도 없이 뻥 뚫린 사무실에 앉아 언제 올지 모를 버스를 기다리는 사람들 중에서도 유난히 나를 신기하게 바라보던 할아버지와 소녀가 있다. 아마도 눈이 초롱초롱한 그 소녀는 할아버지의 손녀인 듯했다.

나는 흙먼지가 묻어 지저분해진 내 몸과 배낭을 물티슈로 정성껏

닦았는데, 소녀는 그런 나와 내 물티슈가 너무 신기했는지 마냥 넋놓고 바라봤다. 게다가 물티슈가 나온 내 배낭을 마치 무슨 보물 보따리처럼 바라본다. 사실 내 가방엔 든 게 별로 없었는데, 나이 어린 소녀에게는 이방인의 가방이 무척 신기했나 보다.

소녀가 계속 나를 바라보자, 나는 우쭐해지는 기분에 계속 소녀의 시선을 의식하기 시작했다. 나는 괜히 관심을 끈다는 생각에 어깨가 으쓱해져 특별할 것도 없는 가방을 계속 여닫곤 했다. 내가 한 행동이지만 무척 웃겼다.

그리곤 소녀가 내 물티슈에도 흥미를 잃지 않자 나는 소녀에게도 신세계를 만나게 해줘야 하겠다는 이상한 심리가 생겨났다. 그래서 소녀에게 물티슈 한 장을 건네자, 소녀의 눈은 기쁨으로 가득 차면서도 받을까 말까 망설이는 기색이 역력했다. 그러나 소녀가 고민하던 그 짧은 순간에 소녀의 할아버지가 나를 무섭게 노려보며 소녀의 손을 제지했다.

그러자 호기심으로 눈을 말똥거리던 소녀의 눈빛은 곧 상심한 표정으로 변했다. 마치 산타할아버지는 사실 엄마였다는 크리스마스의 불편한 진실을 알아버려 상심한 어린이처럼 말이다.

소녀의 할아버지는 그 큰 눈으로 나를 노려봤다. 나는 곧 그 눈빛이 무섭고 그 상황이 무안해져, 아무 일도 없었다는 듯 권유하던 물티슈를 내 쪽으로 돌려 태연한 척 더러워진 배낭을 닦아내기 시작했다. 그러면서 가만히 힐끗힐끗 눈치를 보니 할아버지도 제법 신기한 모양이다. 괜히 가부장적인 자신의 권위가 무너지는 게 싫어 짐짓 체통을 지키는 척 한 게 뻔히 보였다.

흥! 그런 무언의 심정을 표정으로 확신하자, 소녀에게 더욱 더 물티슈를 주고 싶어졌다.

나와 소녀는 무언의 눈빛으로 할아버지 몰래 대화를 나눴다. 그리고 곧 내 입이 쩍 벌어질 만큼 다 쓰러져가는 폐차 직전의 녹슨 버스가 도착했을 때, 나는 할아버지 몰래 소녀에게 물티슈를 한 장 쥐어주고 버스로 부리나케 뛰어갔다. 버스에 올라타 소녀를 바라보자, 소녀는 등 뒤로 물티슈를 숨긴 채 나를 보고 해맑게 미소를 짓고 있었다.

버스를 타고 이동하는 내내 소녀가 물티슈를 어디에 썼을까 궁금해졌다. 하지만 어떠랴? 꽉 막히고 가부장적인 할아버지 몰래 내가 그 아이에게 문명을 전해줬다는 사실에 내심 행복했다. 또한 어쩌면 내가 한 행동이 인도의 가부장적인 환경에서 남자의 소유물로 대접받는 인도 여자아이에게 자존감을 전해줘, 사람답게 사는 것에 대한 희망의 씨앗을 뿌려준 것은 아닐까 싶기도 하다. 눈빛이 초롱초롱했던 그 아이, 먼훗날 어떻게 자랄까 궁금하다.

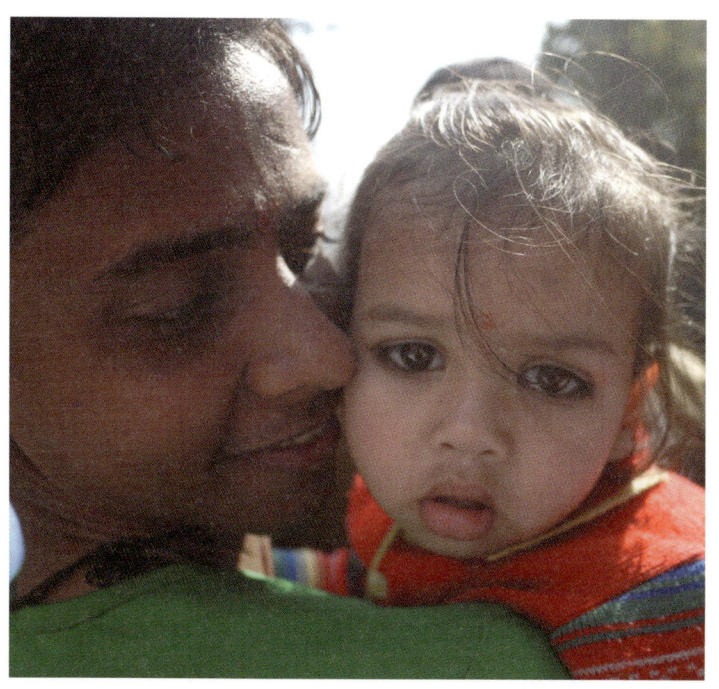

그곳에 가면 사랑하고 싶어져

질책에서 얻는
감동

여자가 밤늦게 돌아다니는 것에 제약이 많은 인도인지라, 나는 매일 일찍 잠자리에 들 수밖에 없었다. 그래서 아침 일찍 눈이 떠지는 것은 당연지사다.

그렇다. 나는 인도에서 새나라의 어린이였던 것이다. 이른바 아침형 인간 말이다. 한국에서는 아침잠과 싸우느라, 아니 아침잠을 꾸짖는 통념 때문에 꽤 피곤했지만 이곳에서는 원하지 않아도 스스로 아침형 인간이 될 수 있었다.

나는 매일 아침 일찍 일어나 눈만 비비고 바로 강가로 나갔다. 가트에 잠시 앉아 있으면 인도 사람들이 하나둘씩 나와 갠지스 강가로 가는 것을 볼 수 있다.

인도의 아침, 특히 바라나시의 아침은 신성하고 부산스럽다. 어떤 이는 금색 양동이에 갠지스 강물을 길어가고, 또 어떤 이는 강가에서 목욕을 하고, 또 어떤 이는 강에 들어가 물속에서 절을 하며 기도를 하고, 또 다른 이는 가트에 앉아 태양을 바라보며 명상을 하는 등 나름대로 아침을 신성하게 맞는다.

나는 아침 산책도 할 겸 가트를 돌아다녔다. 가트 곁으로 쭉 늘어선 사람들은 몇백 명이 되고도 남을 인파다. 그들은 다들 옷을 벗고 강으로 들어가 목욕을 한다. 자세히 보니 목욕을 하는 서양인 커플도 있고, 갠지스 강의 신성함을 좇아 들어간 한국인들도 있다. 무엇이 그들을 차갑고 오염된 갠지스 강으로 불러들이는 걸까?

걷다보니 가트 주변 화장터 잿더미에서 금니를 찾는 꼬마들도 있다. 또 화장터에서 망자에게 바쳤던 음식을 먹기 위해 부산하게 돌아다니는 개와 원숭이도 볼 수 있다. 거기다 아침의 고요한 풍경과는 상관없다는 듯 물속에서 정신없이 놀고 있는 물소도 볼 수 있다. 가트를 쭉 따라 걸으며 아침을 맞이하는 재미는 쏠쏠하다. 우리나라에서 볼 수 없는 특이한 광경의 연속이니까 말이다.

그렇게 가트를 걸으며 노래를 들을까, 아니면 잠에서 깨어난 여행 친구들과 통화를 할까 하는 마음에 핸드폰을 바라보고 있는데, 누군가 나를 바라보는 시선이 느껴졌다. 그것도 아주 강하게 말이다. 외면할 수 없는 강한 시선에 고갤 들었더니, 경멸에 찬 눈빛으로 혀를 끌끌 차며 손가락질하는 노란 머리의 외국인과 눈이 마주쳤다. 나는 너무 당황스럽고 이유를 모르겠어서 두 손을 들어올리며 "왜?"라는 표정을 지어 보였다.

그랬더니 그 외국인 남자가 내게 한심하다는 표정으로 질책을 하는 것이 아닌가?

"너는 이 소중한 시간에 태양을 보고 느껴야지, 왜 핸드폰만 바라보고 있니?"

그 말을 듣는 순간 나는 잔잔한 충격을 받고 그 자리에 멍하니 서 있었다. 평범해 보이는 외국인 여행자가 지나가는 날 보고 질책한 것도 황당했지만, 항상 당연한 줄만 여겼던 태양에 새로운 의미를 부여해 준 그의 말이 신선한 충격을 줬기 때문이다.

인도인들은 태양을 굉장히 신성시한다. 그들은 이른 아침 태양신 수리야(Surya)가 지평선에서 모습을 드러낼 때마다, 신성한 의식인 푸자(Puja)를 통해 태양신에게 감사와 공경의 예를 표한다. 일곱 마리의 말이 끄는 마차를 탄 태양신 수리야는 이른 아침 지평선을 통해 하늘을 가로질러, 늦은 저녁 반대편 지평선으로 사라진다. 농경이 주업인 인도인들에게 태양이 얼마나 소중한 존재인지, 그들의 극진한 푸자를 잠시 지켜보는 것만으로 미뤄 짐작할 수 있을 정도다.

그러나 난 달랐다. 내게 태양은 단순히 시간의 흐름에 따라 날마다 뜨고 지는 그 이상의 의미를 지니지 않았다. 그렇게 태양에 별다른 고마움을 느끼지 못하고 살던 내게, 그 이방인의 말은 태양이 내 삶에 얼마나 큰 영향을 미치는 존재인지 다시 한 번 돌아보는 계기를 만들어줬다. 열린 마음으로 그들의 문화를 받아들이고, 열린 마음으로 사물을 바라보고, 그리고 열린 마음으로 세상을 살펴보면 비로소 평소에는 별 생각 없이 지나치고 당연한 것으로 여겼던 것들이 내 삶을 윤택하게 해준다는 아주 단순한 진리를 그 사람의 질책으로 깨달을 수 있었다.

세상에는 내가 의식하지 못하는 가운데서도 내 삶에 커다란 영향을 미치는 존재가 많다. 소리 없이 내 삶을 지탱해 주고 있지만 내가 의식하지 못하는 그 고마운 존재들에게 이 자리를 빌려 고마움을 표현해 본다.

성찰의
시간

앞만 보고 달리는 사람에겐 옆을 보거나 뒤돌아볼 겨를이 주어지지 않는다. 바로 내가 그랬다. 나름대로 올바르게 살아간다고 자부했던 내 삶이 그렇지 않았음을 알았을 때, 내 생각의 방향이 완전히 어긋남을 알았을 때 느끼는 배신감에서 오는 죄책감과 상실감은 이루 말로 표현하기 어려웠다.

그날은 내게 죄책감과 상실감, 스스로에 대한 실망감과 배신감, 그리고 연민을 느끼게 해준 날이었다.

바라나시에 오기 전, 인도의 다른 도시를 여행할 때 만난 여행자들은 하나같이 바라나시 예찬론을 펼쳤다. 그래서 나는 너무나 큰 기대를 한 탓인지는 몰라도, 바라나시 체류 닷새째 되던 날까지도 별다른 재미를 느끼지 못했다. 그저 생소함과 이질감, 고요함뿐이었다.

나는 참 정신이 없으면서도, 다른 한편으로는 고요한 바라나시가 힘겨웠다.

내가 머물던 게스트하우스 위에는 한국인이 운영하는 보나 카페

가 있었다. 그곳은 입맛 까다로운 내게도 훌륭한 음식을 먹을 수 있게 해줬고, 특이하면서도 고급스러운 인테리어에 반해 나는 보나 카페에 자주 들렀다. 어떤 날은 거의 하루 종일 그곳에서 보낸 적도 있었으니 말이다.

나는 보나 카페 사장님의 손맛이 아주 훌륭하고, 또 인도에 오래 머문 분이니 뭐라도 얘기하고 싶었다. 그날 따라 묘하게 쓸데없는 얘기라도 듣고 싶었다. 그렇게 보나 카페 사장님과의 대화가 시작됐다.

왜 바라나시에 정착하게 되었느냐는 호기심어린 내 질문에, 여러 사람들로부터 많이 들어서 지쳤다는 표정으로 "좋아서요."라고 퉁명스럽게 짧은 대답을 하신다. 나는 참 궁금했다. 내게 그렇게 특별할 것이 없는 곳이 왜 그렇게 매력적이었는지가 말이다. 그래서 나는 또 호기심을 감추지 못하고 재차 물었다.

"저는 사실 바라나시가 생각보다 재미없어서 좀 실망했어요. 여행자들은 무엇 때문에 이곳에 매력을 느끼는 건지, 이곳에 둥지를 튼 사장님은 어떤 매력에 반하신 건지 궁금해요."

그러자 또다시 "좋아서요. 그냥 좋아서요."라고 예의의 답변을 편하게 하시는 사장님.

그러다 갑자기 도저히 이해할 수 없다는 내 눈동자를 읽으셨는지, 사장님의 눈이 반짝거리며 질책성 말을 한움큼 쏟아내신다.

"너는 왜 그렇게 생각하지? 나가서 걸어다녀 봐. 그냥 가트에도 앉아 보고…. 어떤 사람들은 이곳에 와서 매우 좋다고 하는 사람도 있고, 또 어떤 사람은 류시화 책을 읽고 큰 기대를 품고 왔다가 실망만 했다는 사람도 있어. 그걸 어떻게 생각하니? 세상은 바라보는 대로 보이는 거야. 느낄 수 있는 준비가 된 사람만이 느낄 수 있는 거야."

그 말에 갑자기 멍해졌다. 생각지도 못한 곳에서 나의 오류를 발견했으니 말이다.

사람들은 여행지에서 꼭 뭔가를 얻어가려고 한다. 물론 여행지에서 뭔가를 얻어가려고 하는 걸 나쁘다고 하는 게 아니다. 무엇을 얻고자 여행을 떠난 건 맞으니까 말이다. 그런데 무엇인가를 얻어야 하겠다는 목적이 너무 강해 여행을 하면서 정작 내가 겪고 얻어가야 하는 그런 존재들을 놓쳤던 것이다. 있는 그대로 바라보지도 못하고, 또 마음도 열지 못했으면서 무엇이 재미있느냐고 투덜댔던 나를 뒤

돌아보니 얼굴이 화끈거렸다.

사람마다 행복을 느끼는 것도, 불행을 느끼는 것도, 슬픔을 느끼는 것도, 웃음을 느끼는 것도 모두 다 다른데, 내 자신에게서가 아니라 타인에게서 그러한 이유를 획일적으로 확인받고 싶었던 내 자신이 참으로 한심스럽게 느껴져 쥐구멍에라도 숨고 싶었다.

내가 이곳 바라나시에서 재미를 못 찾았던 커다란 이유를 찾아내자, 타성에 빠져 청춘의 무감각도 알아채지 못했던 내 자신에 대한 자성에 마음이 아려왔다. 분명 일상을 즐기고 평범한 것에서도 특별한 것을 끌어내는 나였는데 무엇이 잘못되었을까? 무엇이 나를 이렇게 바꿔 놓았을까?

아마도 홀로서기를 시작한 청춘의 불안감이 불안감의 표출을 꺼려하는 자존심 앞에서 가로막혔던 것 같았다. 우리가 사는 시대가, 우리가 사는 세상이 솔직함보다는 보이는 것에 중점을 두고 있기 때문에 시대가 원하는 기준에 부합하지 못하면 가차 없이 버려지고 도태되는 것, 그런 게 두려웠나보다. 그래서 눈앞의 것을 있는 그대로 받아들이고 싶어 하는 내 마음과 반대로 타인의 시선이 두려워 있는 그대로 받아들이는 것을 외면한 내 마음, 이 두 가지 마음이 부딪쳐 이도 저도 아닌 어정쩡한 지금의 나를 만들었다는 느낌이 들었다. 사람은 변할까? 잘 모르겠다. 변하는 건 정말 어렵다. 그런데 발전하는 것은 변하는 것보다는 쉽다.

나를 객관적으로 되돌아볼 수 있는 말 한마디에, 내 자성에서 시작된 내 눈물에 모든 것이 씻겨 내려 내 머릿속은 막 잠에서 깨어난 사람처럼 맑아졌다. 그리고 맑은 눈으로 세상을 바라볼 수 있게 되니 희한하게도 예전의 나로 돌아와 있었다. 누군가 청춘은 아프다고 말한다. 난 아직도 아프다. 아직도 난 청춘인가 보다. 그래서 난 내가 더 사랑스럽다.

어느 무료했던 오후, 바라나시의 골목에서 나는 그렇게 삶을 느꼈고 인생을 보았다.

그곳에 가면 사랑하고 싶어져

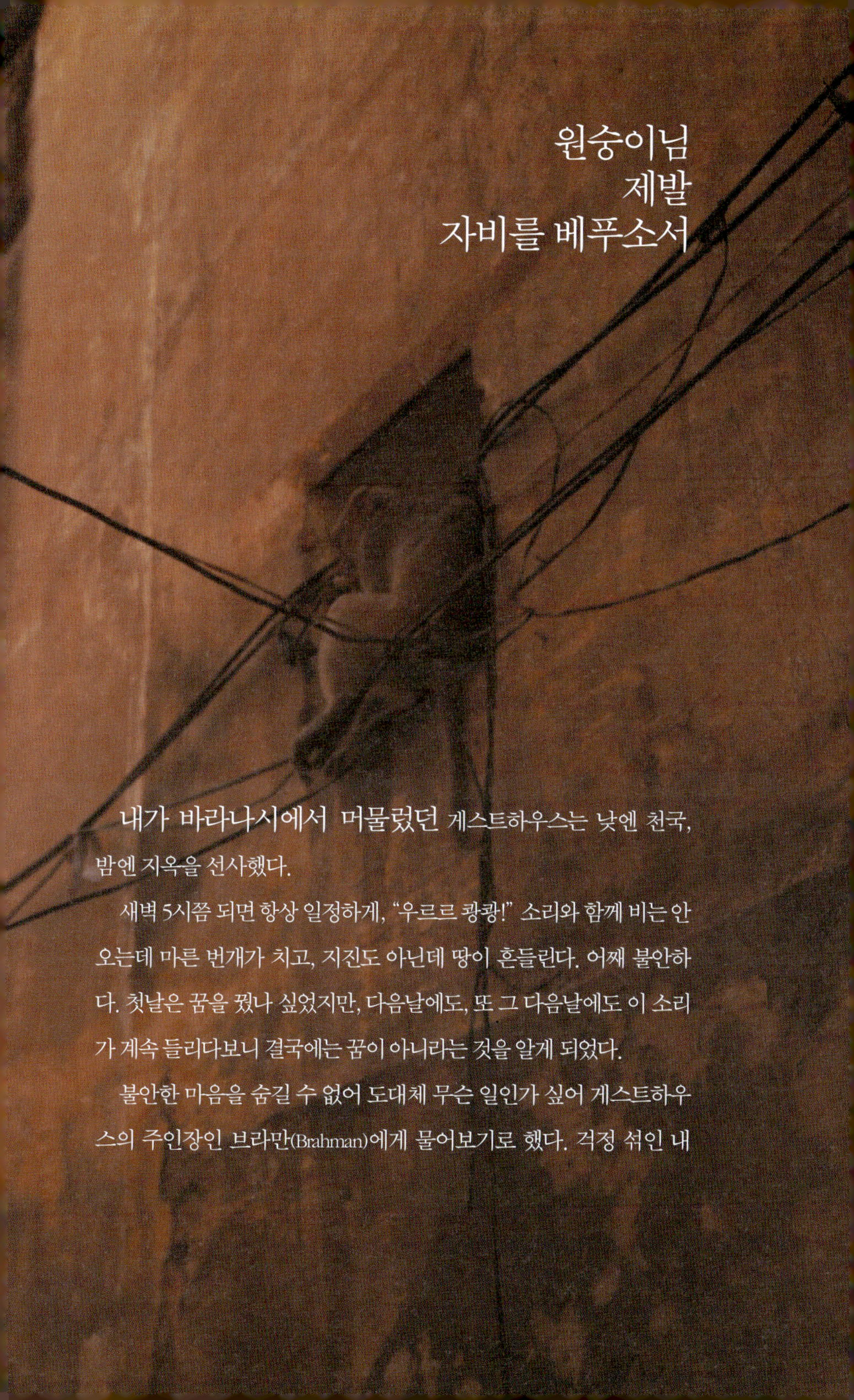

원숭이님
제발
자비를 베푸소서

내가 바라나시에서 머물렀던 게스트하우스는 낮엔 천국,
밤엔 지옥을 선사했다.

새벽 5시쯤 되면 항상 일정하게, "우르르 쾅쾅!" 소리와 함께 비는 안
오는데 마른 번개가 치고, 지진도 아닌데 땅이 흔들린다. 어째 불안하
다. 첫날은 꿈을 꿨나 싶었지만, 다음날에도, 또 그 다음날에도 이 소리
가 계속 들리다보니 결국에는 꿈이 아니라는 것을 알게 되었다.

불안한 마음을 숨길 수 없어 도대체 무슨 일인가 싶어 게스트하우
스의 주인장인 브라만(Brahman)에게 물어보기로 했다. 걱정 섞인 내

물음에 그는 아주 태연하게 "원숭이가 지붕을 흔들어서 그런다"면서, 오히려 원숭이는 비슈누(Vishnu) 신의 사자(使者)로 그가 집을 지켜주는 것이니 걱정하지 말고 마음 편하게 지내라고 한다.

사실 인도에서 원숭이는 가게의 물건을 훔치고, 과수원의 과일을 따먹고, 심한 경우에는 전기선까지 끊어 마을을 정전시키는 불량배에 가깝다. 하지만 인도 사람들이 가장 존경하는 비슈누 신의 화신인 라마 왕을 도와 악마를 물리쳤던 원숭이 신 하누만(Hanuman)의 공적 때문에, 인도 어느 지역에서는 신으로 숭상받기까지 한다. 바라나시도 마찬가지여서 녀석들이 아무리 말썽을 부려도 최소한 해코지는 하지 않는 분위기다.

그런 사실을 알기라도 하는 듯 녀석은 새벽마다 기세등등하게 우리 방 지붕 위를 뛰어다니며 위세를 부리는 모양이었다. 뭐 아무튼 원숭이가 집을 지켜준다며 신경 쓰지 말라는 브라만 주인장의 말도 우스웠지만, 나도 뭐 뾰족한 방법이 없으니 신경 끄고 지낼 수밖에 없었다. 게다가 이 집은 뜨거운 물도 콸콸 잘 나와, 이 장점을 포기하고 다른 게스트하우스로 옮긴다는 것도 썩 내키지 않았다.

그러나 다음날에도, 또 그 다음날 새벽에도 미칠 것 같은 천둥소리와 함께 지진이 계속됐다. 마음을 최대한 가라앉히며, "이것 또한 지나가리라."라는 해탈의 격언을 되뇌며 새벽잠을 청해보지만, 이미 불안해진 마음에 잠은 어디론가 달아나고 말았다. 시끄러운 소리에 새벽에 잠을 깨는 것도 죽을 맛이었지만, 가뜩이나 부실한 게스트하우스가 원숭이 때문에 혹시나 무너지지 않을까 하는 불안감이 더 크게 작용했다.

　　이런 일이 며칠 동안 계속 되다보니, 나는 결국 지붕을 흔드는 원숭이 놈을 잡아 혼내주기로 마음 먹었다. 물론 내가 원숭이를 잡아야겠다고 생각하기까지 얼마나 많은 고민을 했는지 모른다. 나는 파상풍 주사도 맞지 않은 데다, 간혹 들려오는 개와 원숭이의 처절한 싸움 소리에 무서움을 느낀 적도 있었기 때문이다.

　　내가 묵던 게스트하우스 골목에서는 이틀에 한 번꼴로 원숭이와 개가 싸웠다. 그때마다 어찌나 처절하게 다투는지 둘 중 한 마리는 죽겠다는 생각이 들 정도였다. 같이 그 소리를 듣고 있던 소미 언니도 '견원지간'의 뜻을 제대로 이해할 수 있는 활극이라고 내게 말할 정도였다.

아무튼 새벽마다 미친 듯이 지붕을 흔들어 내 단잠을 방해한 원숭이 녀석이 내 여행의 또 다른 즐거움이었던 지붕 위의 인터넷 선마저 끊어버리자, 내 인내심은 바닥을 드러냈다. 결국 나는 그 원숭이 놈에게 단단히 화가 나, '저 놈을 기필코 잡아 꼭 혼내주겠다.'고 결심하며 결연하게 내 방을 박차고 나섰다.

하지만 내가 맞닥뜨린 상대는 꼬리를 밑으로 쭉 내린 채 팔짱을 끼고 창가에 걸터앉은 커다란 덩치의 험상궂은 수컷 원숭이었다. 녀석은 마치 내게 이 구역을 접수하기 위해서 얼마만큼 많은 싸움을 치렀는지를 보여 주듯 온몸이 상처 투성이였다. 나는 그놈의 범상치 않은 외모와 기세에 겁이 났지만, 아무렇지도 않다는 듯 팔짱을 끼고 태연한 척 멀찍이서 그 녀석을 바라보았다.

그러나 녀석의 카리스마 넘치는 모습을 계속 바라보고 있자니, 녀석을 잡아서 혼내주기는커녕 도저히 겁이나 가까이 다가갈 엄두조차 나지 않았다. 그런 내 심정을 간파라도 한 것일까? 녀석은 마치 날 비웃기라도 하듯, 길게 늘어뜨린 꼬리 사이로 한 덩어리, 두 덩어리 여유롭게 똥까지 싸는 게 아닌가? 유유자적한 녀석의 행동을 바라보고 있자니, 당장에라도 내 머리 위로 날아올라 똥폭탄을 던질 것만 같았다.

녀석 쪽으로 가기도 무섭고, 그렇다고 그냥 물러나자니 내 자존심이 상처를 받을 것 같아 이러지도 저러지도 못하고 있던 바로 그 순간, 저 먼 곳을 바라보던 원숭이가 내 쪽으로 고개를 돌려 우리 둘의 시선이 딱 마주쳤다.

　그 짧은 순간, 녀석이 뭔가를 결심했는지 날 바라보며 내 쪽으로 느릿느릿 걸음을 옮기기 시작했다. 녀석이 움직이자 너무 무서웠다. 그래서 난 "원숭이님, 제발 제게 똥폭탄은 날리지 마세요."라는 애원의 말을 남기고, 후들거리는 다리를 앞세워 필사적으로 줄행랑을 칠 수밖에 없었다.

　그날 이후로 나는 새벽마다 원숭이가 지붕을 흔들고 인터넷 선을 끊어도, "별일은 일어나지 않아. 이 원숭이는 이 집을 지켜주는 고마운 신의 사자야."라는 자기 합리화로 내 나약함을 숨겨야 했다. 짐짓 태연함을 가장했던 내 나약한 청춘아, 너도 역시 내가 사랑하는 또 다른 나로구나.

259

육첩방
슬리퍼 칸에서

무굴제국의 황제 샤자한과 그의 왕비 뭄타즈마할의 애틋한 사랑이 담겨 있는 타지마할을 보고 싶어 아그라(Agra)행 이층 버스를 탔다.

내가 선택한 자리는 누워갈 수 있는 슬리퍼 칸이었지만, 두 다리를 뻗기에도 좁아 누우면 제대로 몸을 뒤척일 수도 없었다. 문제는 그렇게 좁은 곳에서 16시간 동안 꼼짝도 못한 채 버스를 타고 아그라로 향해야 한다는 사실이었다. 사람이 움직일 수 있는 반경에 제약이 생기니 정말 짜증이 나고 기분이 안 좋았다. 새삼스레 이렇게 해서 폐쇄공포증이 생기는 게 아닐까라는 생각이 들 정도였다.

인도는 아직까지도 웬만한 도로는 비포장이다. 그래서 덜컹덜컹 흔들리는 차 안에서 뭔가를 한다는 게 너무 불편하다. 오로지 할 수 있는 건 누워서 커튼 사이로 보이는 차창 밖의 풍경을 보는 것이 전부다. 할 게 없으니 이동하는 시간이 무척 지루하다. 사실 난 외로움도 많이 타 이야기하는 것을 좋아하는 사람인데, 이렇게 좁은 곳에서

혼자 있게 되니 막막함이 내 가슴속을 가득 채운다.

여러 가지 생각이 교차한다. 나 말고 다른 사람이라면 어떨까? 나 같이 수다 떨기를 좋아하는 사람이라도 차창 밖에 펼쳐지는 이국적인 풍경을 내다보면 혼자 있는 시간을 잘 버틸 수 있지 않을까? 여행자의 외로움을 채워줄 훌륭한 대체재인 낯선 풍경이 있다면 말이다.

낯설고 이국적인 풍경은 혼자 여행하는 여행자의 외로움을 달래

주는데 명약이 되곤 한다. 게다가 간혹 밖으로 보이는 풍경을 즐겁게 바라보면, 착각으로부터 진한 낭만이 찾아오기도 하니까 말이다.

그렇게 한참 창밖을 바라보며 낭만을 꿈꿨다. 그리고 좀 더 시간이 지난 후 차가 잠시 멈춘다. 움직이지 못하는 답답한 공간을 빨리 벗어나고 싶었다. 인간은 자유를 꿈꾸고, 나도 역시 인간이니까 말이다.

잠시 버스 밖으로 나와 바람을 쐬고 내가 탄 슬리퍼 칸을 밖에서 보면 어떤 느낌일까 싶어 들여다봤다. 안에서 지낸 것과는 달리 제법 안락해 보인다. 역시 밖에서 바라보는 것과 안에서 바라보는 것은 천양지차다. 들여다만 보고 직접 들어가 보지 않으면 정말 모르니까 말이다.

꼼지락 꼼지락 몸을 좀 더 움직이면서 몸을 풀고 싶은데, 내게 빨리 타라는 듯 버스 경적이 요란하게 울린다. 다시 기약 없는 시간을 타야 한다는 생각에 조금 망설여지지만, 이대로 나를 버리고 가면 어떡하나 싶은 공포가 밀려와 재빨리 버스에 올라탔다. 역시나 불편함보다는 남겨지는 게 더 두렵다.

두 팔을 쭉 뻗을 수조차 없는 비좁은 공간이지만, 나는 침낭 속으로 들어가 사지를 제대로 움직일 수 없는 곳에서 상상의 나래를 펼치기 시작한다. 이 작은 방은 내 영혼이 날 위해 만들어 주는 무대다. 넓다고 생각하면 제법 숨 쉴 만하고, 안락한 곳이지만 좁다며 현실에 눈을 뜨는 순간 숨이 컥하고 막히는 쪽방이 되고 만다.

나는 이 좁은 공간에서 작은 인생사를 발견했다. 이 모든 불편함은 언젠가 끝날 텐데 계속 불편하다고 불평하는 것은 내 안의 방에 나를 가둔다는 걸 말이다. 그럴 때마다 약간의 상상은 현실의 팍팍한 삶에 윤택함을 가져다준다는 것 또한 부수적으로 얻은 성과물이다. 그래서 나는 조금 불편하다고 느낄 때마다 상상에 빠지는 방법을 쓰기로 마음먹었다.

불편함만을 인지하고 사는 삶, 그것은 내 안의 방에 자신을 가두는 것이다.
이제 그만 자기만의 방을 박차고 나올 때다.

그만 방에서 나와라 그대여! 자기만의 방에서.
무겁고 어두운 단면에서의 삶, 공기 속에 바람 속에 증발하고 싶던 삶에서 나오기 위해 상상을 펼치면
현실에 즐겁게 융화된 나를 만날 수 있다.

인간의 육체가 제한되었을 때 영혼은 더욱 깊어진다는데,
언제 또 이렇게 내 영혼의 방에 들어가겠나 하는 생각을 하니
버스 안 내 좁은 방 또한 갑갑하지 않았다.

기다린다. 힘들 때가 있으면 언젠간 편안할 때도 있는 거니까.
스스로가 아프게 할 필요가 없다.
그저 그 시간이 지나가길 기다리면 된다.

템플뷰의
루나

　인도에서 내 첫 번째 기차 목적지는 자이살메르였다. 성
밖보다는 성안에서 바라보는 운치가 더 좋다는 말에 우리 일행은 성
안에 숙소를 잡기로 했다. 먼저 묵었던 데저트뷰(Desert view) 게스트
하우스 여주인의 호의로 오토릭샤를 타고 성안에 있는 숙소를 안내
됐다.

　오토릭샤가 내려준 곳에서 우릴 맞이하는 깡마르고 조그마한 체
구에 온유한 미소를 지어보이는 호텔 주인장. 그의 이름은 루나
(Luna)였다. 마흔 살 정도의 남성으로 나보다 체구도 작고 얼굴도 작
고 모든 것이 작지만, 눈빛만큼은 순수하리만큼 크고 반짝반짝 빛났
다. 그는 우리에게 방을 안내해주고 옥상으로 우릴 초대했다.

　자이살메르 성을 한 눈에 볼 수 있고, 성 밖의 풍경과 저 멀리 사막
이 보이는 템플뷰의 옥상.

　루나는 우리에게 짜이를 만들어 주고 옥상 위에 걸터앉은 채로 언
제든 쉬고 싶을 때 옥상으로 올라오라고 했다. 우리들을 위한 옥상이

고 언제든 열려있다고 말이다.

짐을 풀고 누워 있는데 루나는 우리 방문을 노크하며, 이제 곧 해가 질 것인데 옥상에 올라와 자이살메르의 일몰을 보지 않겠느냐고 했다. 흔쾌히 옥상으로 올라간 우리는 루나와 함께 석양에 붉게 물든 자이살메르의 성과 도시를 바라볼 수 있었다. 그날 저녁 루나는 잘 자라는 저녁 인사와 함께 일출을 볼 수 있도록 우리를 아침 일찍 깨워주겠다고 했다.

고맙고 친절한 루나 덕에 마음이 참 편해졌다. 루나의 친절함, 배려심, 이타심, 그리고 진정함이 깃든 진심. 그것들이 자이살메르에 머무른 내 마음을 윤택하고 편안하게 만들어준다.

자이살메르는 마치 디즈니의 만화영화 알라딘의 배경 같다. 흙으로 빚은 듯한 높은 건물에, 옥상마다 널려있는 양탄자, 거기다 멀리 보이는 붉은 사막까지. 그날 저녁 별빛이 총총히 빛을 발하는 자이살메르의 하늘을 바라보니 가만히 있어도 꿈을 꾸는 듯 낭만적이다.

다음 날 아침 일찍, 루나는 담요를 뒤집어쓴 채 우리의 방문을 노크했다.

"나와서 해 뜨는 거 보세요."라는 그의 말에 우리는 단박에 옥상으로 뛰어 올라가 루나가 끓여주는 짜이를 마시며 몸을 녹였다. 루나가 끓여준 짜이를 맛있게 즐기는 우리에게 저 멀리 사막 끝에서 쑥스러운 듯 태양이 붉은 얼굴을 내밀었다. 우리는 담요를 뒤집어 쓴 채 루나표 짜이를 마시며 옥상에서 멋지고 한가한 시간을 보냈다.

루나는 자이살메르가 참 좋다고 한다. 루나의 부인과 아이들은 400킬로미터나 떨어진 사막에 산다고 한다. 그래서 가족을 일 년에

두 번밖에 볼 수 없지만, 그래도 루나는 자이살메르에 사는 게 참 좋다고 한다. 장엄하게 뜨는 해를 바라볼 수 있고, 아름다운 성안에 살면서 우리같이 좋은 외국 친구들을 만날 수 있기 때문이란다.

자이살메르에서 보낸 시간은 참 행복하고 여유로웠다. 낮잠을 자고 일어나면 창가로 스며드는 따뜻한 햇살과 바람에 살랑살랑 흩날리는 커튼까지. 너무 행복한 나머지 그 순간을 담아두고 싶어 눈을 뜨자마자 사진기로 방 안을 찍었고 다시 침낭 안으로 쏙 들어가 따뜻함으로 행복을 만끽했다.

자이살메르를 조금이라도 더 담기 위해 외출을 했다가 돌아오면, 루나는 항상 엄마처럼 반겨주고 밤늦게 나가고 싶은 일이 생기면 조심해야 할 사항을 꼭 일러주곤 했다. 게다가 한낮에 햇살을 쐬러 옥상 위로 올라가면 라씨도 만들어 줬다. 또한 언제든 원하면 주방을 빌려준다고 자상하게 말했다.

언젠가는 고마운 루나에게 음식을 대접하고 싶다는 생각에 자이살메르 성 밖 시장으로 장을 보러 나갔다. 그러나 내가 원하는 재료는 살 수 없었다. 항상 우리를 챙겨주는 루나에게 계란찜이나 계란말이를 만들어줄 생각이었는데 반나절 동안 시장을 뒤져봐도 계란을 파는 곳이 없었다.

그렇게 포기하고 돌아온 그날 저녁, 나는 루나에게 내 귀한 컵라면을 나눠주려고 컵라면을 들고 옥상으로 올라갔다. 나는 루나에게 한국에서 제일 맛있는 음식이라며 컵라면을 건넸지만, 루나는 내 표정을 조심스레 살피고 조용히 말을 했다.

"스텔라, 정말 미안한데 먹을 수가 없어요. 미안해요."

"왜요? 정말 맛있는 음식인데…."

"사실 저는 베지테리언(Vegetarian)이에요."

잠시 멈칫했지만, 나는 다시 루나에게 권유했다.

"컵라면에는 고기가 들어 있지 않아요."

"그렇지만 계란이 들어갔죠. 저같이 신실한 베건(Vegan)은 계란도 먹지 않아요."

난 루나의 대답에 잠시 멍해졌다. 도대체 베건이 뭐길래, 그가 믿는 종교가 뭐길래 먹는 것에 대한 행복까지도 포기한단 말인가? 난 루나가 안쓰럽게 느껴졌다. 그러면서도 또 한편으로는 먹는 즐거움을 포기할 수 있을 정도로 루나의 마음을 대신 충만케 해주는 것이 있다는 점에 부러움마저 느꼈다.

내가 그 생각에 잠시 잠겨있을 때, 루나는 자신의 짐을 뒤적이더니 다른 컵라면을 내게 건네주었다.

"다른 한국 친구가 주고 간 거예요. 스텔라 줄게요, 난 어차피 먹지 못하니까요."

루나의 주방에 들어가 물을 끓여 컵라면에 부었다. 그러면서 루나의 배려심과 남을 먼저 생각하는 이타심이 어디에서 나왔고, 또 어느 정도의 깊이를 가졌는지 궁금해져서 루나에게 다시 물었다.

"당신이 가장 좋아하는 말이 무엇인가요?"

조금은 뜬금없는 내 질문에 잠시의 머뭇거림도 없이 "배움!"이라고 답하는 루나. 그리곤 비장한 표정으로 말을 잇기 시작한다.

"인도에는 교육이 절실히 필요해요. 길거리에 있는 여자들을 봐요. 특히 여자아이들에게 교육이 필요하죠. 이곳은 너무나 남성 중심

적 사회예요. 착취당하고 폭력을 당하고, 사람으로서 하면 안 되는 일들이 너무나 자주 발생해요. 저는 그래서 아침마다 간절히 신께 기도를 올리고, 또 이렇게 깨어있는 여행자들을 만날 때마다 많은 것을 느끼고 배우죠. 그래서 이 호텔 일이 더 좋기도 하고요. 많은 인도 사람이 더 많은 걸 배웠으면 좋겠다는 생각이 들어요."

루나의 말을 듣고 내 마음 한편에서는 감동이, 또 다른 한편에서는 부끄러움이 몰려왔다. 나름 우리나라에서는 지성인으로 행세하고 있지만, 세상에 대한 배려를 루나만큼 하지 못하고, 오히려 그의 깊이를 시험해보려고까지 했던 나로서는 미안한 마음이 앞설 수밖에 없었다. 마찬가지로 지금 이 순간에도 한국에서는 많은 사람들이 지식을 배우고 지성과 도리를 논하지만, 그 사람 중 몇 사람이나 루나처럼 세상에 대한 이타심을 펼치고 있을까? 난 우리나라에서도 깨우치지 못했던 이타심이라는 귀한 화두를 수만리 떨어진 인도의 한 시골마을에서 깨달을 수 있었다.

그렇게 착한 마음을 가지고 열심히 사는 루나와 그 삶에 감동을 느낀 우리는 당초 일정보다 사흘 더 머무르며 루나와 아름다운 우정을 쌓았다. 하지만 '회자정리 거자필반(會者定離 去者必返)'이라고 했던가? 만남이 있으면 헤어짐이 있게 마련이다. 떠나기가 아쉬웠지만 우리는 떠날 채비를 해야 했다. 난 짐을 싸면서도 내게 베푸는 삶이 뭔지 알려준 루나와 평화가 지상에 존재하는 것 같은 자이살메르가 사무치게 그리울 것 같았다.

그런 내게 루나는 언제든 외롭고 힘이 들 때면 자이살메르 템플뷰 호텔 옥상에서 나를 기다리고 있을 자신을 떠올리라고 했다. 그러면

힘이 들고 외로울 때, 저 먼 곳에서 기다릴 자신의 얼굴이 떠올라 조금은 위로가 되지 않겠느냐고 말이다. 나처럼 많은 여행자들이 낭만과 모험을 꿈꾸며 이 도시를 찾아오고 곧 떠나지만, 루나에게는 그저 일상의 공간인 이곳 자이살메르. 여행자 거리에 사는 루나는 여행자들의 그리움을 너무나 잘 알고 있었다.

언제 다시 볼 수 있을지 기약도 없지만, 떠나는 우릴 위로해주기 위해 힘들고 외로울 때면 템플뷰 옥상에서 기다릴 자신을 떠올려달라는 그의 말이 참으로 고맙다. 떠나기도 전부터 왈칵 울음이 터질 것 같은 미안함과 그리움이 내 마음을 적신다.

아직도 어둠이 채 걷히지 않던 이른 새벽, 난 다음 목적지로 가기 위해 자이살메르를 떠났다. 내 영혼의 도시이자, 내게 다른 삶을 알려준 루나가 있는 이곳. 정말 떨어지지 않는 발걸음을 돌리며 마음속으로 약속했다. 이곳을 떠난 내가 어디에 머무르더라도 네가 나를 기억해줄 때마다 나 또한 너를 기억할 것이라고. 그리고 내 기억이 멎지 않는 한 언젠가는 꼭 다시 따스한 햇볕 아래 거리마다 걸려있는 양탄자들이 나를 반겨주는 이곳으로 루나를 보러 돌아올 것이라고.

To. 루나

안녕 루나! 스텔라야.
책을 쓰면서 역시 인도에 남겨 두고 온 내 친구 이야기를 하지 않으면 섭섭하겠지? 한국에 와서 줄곧 루나 생각을 했어.
우린 나이 차이도 많이 나고, 종교도 다르고, 성별도 다르고 모든 게 다 다르지만, 마음만은 따뜻한 사람이라는 아주 큰 공통점이 있어.

말이 서툴러 많은 대화를 하진 못했지만 자이살메르에서의 보낸 며칠은 내 인생에서 잊지 못할 추억이었어.

너의 따뜻함과 친절함, 그리고 상냥함과 네 상냥함보다 더 따뜻하고 고마운 네 짜이와 라씨까지. 잠시 머물렀다 돌아갈 여행자임에도 불구하고 최선을 다해 순수한 마음으로 우리를 반갑게 맞아준 네가 무척이나 고마웠어. 이별은 못내 아쉬웠지만 난 언젠가 환한 미소로 날 반겨줄 너에게 다시 들릴 것임을 믿기에 슬픈 얼굴을 하고 싶지 않았어. 아쉬움은 아쉬움대로 남겨두어야지, 아쉬움이 슬픔으로 바뀐다면 남겨진 너도 힘들지 모르니까 말이야.

언젠가는 내가 입고 있는 점퍼를 보고 너희 호텔 예쁜 커튼과 바꾸자고 했었지? 너는 아침저녁으로 너무 춥다고 말이야. 한국으로 돌아오면 입지도 않을 점퍼를 네게 주고 오지 못해서인지, 날씨가 추울 때마다 네가 추워하면 어쩌나 하고 항상 걱정을 하곤 해. 언젠가 다시 내가 그곳으로 돌아간다면, 아니 누군가 나 대신 네가 있는 템플뷰에 가게 된다면 이 따뜻한 점퍼를 네게 전달해 주었으면 좋겠어. 아마도 내가 가는 편이 더 빠르겠지?

내가 다시 그곳을 들를 때까지 건강하게 잘 지내주길 바랄게. 그리고 네게 갈 때는 네가 먹을 수 있는 음식들도 꼭 마련해서 갈게. 그때는 우리 먹을 것을 나눠 먹으며 사람들에게 더 나은 삶이 뭔지 진지하게 이야기를 나눠 보도록 하자. 항상 따뜻한 아침을 맞이할 수 있게 신경 써준 너의 세심한 배려와 밝은 태양이 떠올라 우리를 비추던 우리들의 옥상을 아직도 기억하고 있어. 루나, 언젠가 꼭 다시 만나자. 그때까지 안녕!

그곳에 가면 사랑하고 싶어져

릭샤왈라가
경찰에게 돈 줄 때

바라나시에서 오토릭샤를 타고 이동하는 길이었다. 그런데 갑자기 무장경찰 앞에 릭샤가 멈춰 선다.

무슨 일일까? 나는 괜히 또 소심해져서 우리가 뭘 잘못했나 싶어 잔뜩 긴장하고 있었다. 그런데 멋쩍은 웃음으로 우리를 바라본 다음 슬쩍 릭샤에 합승하는 무장 경찰. 순간 너무 어이가 없어서 웃음을 뿜었다. "푸하하하하!"

무장경찰은 마치 우리 일행과 약속이라도 했다는 듯 씩 웃어 보이며 아무렇지도 않게 릭샤로 올라탄다.

뭐 당황스럽지만 이게 어떤 상황인지 파악이 되지 않아 룸미러로 릭샤왈라의 얼굴을 슬쩍 바라보자, 우리에게는 그토록 거칠게 대했던 릭샤왈라가 쫄아있는 표정이 역력하다. 우리에겐 한푼이라도 더 받으려고 험상궂은 표정으로 대하던 그가 말이다.

그렇게 좀 가다가 무장경찰이 내린다. 우리 일행은 생전 겪어보지 못한 이 상황이 뭔지 싶어 황당해 하며 웃었다. 이것 또한 인도스

럽다. 우리나라에서는 생각지도 못한 사건이 펼쳐진 것이다. 아무튼 대충 정리를 해보자면, 경찰이 자기가 가고 싶은 곳이 있으면 오토릭 샤를 멈춰 세우고 얻어 타고 가는 거다. 인도 문화 자체가 워낙 독특해 이상할 건 없지만 낯설음은 어쩔 수 없는가 보다.

뭐 아무튼 다음날, 또 오토릭샤를 타러 나섰다. 릭샤를 타야 갈 수 있는 곳이기도 했지만 오토릭샤 타는 게 은근히 재미가 있었다. 또 릭샤왈라들이랑 흥정하는 게 어찌나 재밌는지, 열변과 과장, 능청스러움을 떠는 그들과 하루에 한 번 흥정을 안 하면 입이 근질근질할 정도였다.

이왕이면 조금 더 가까운 곳에서 타고 싶은 게 릭샤고, 이왕이면 먼저 알아서 싸게 흥정도 잘하고 싶은 게 릭샤다. 찌는 듯한 더위와 오래 걷는 게 싫었던 내게 바라나시의 릭샤 환경은 좋지 않았다.

바라나시의 오토릭샤 정거장은 갠지스 강과 가트의 환경오염을 줄이기 위해 가트 주변에서 조금 멀리 떨어진 곳에 마련되어 있다. 그러니까 내가 오토릭샤를 타고 싶으면, 묵고 있던 갠지스 강가의 숙소에서 오토릭샤 진입금지 펜스를 넘어 정거장까지 수백 미터를 더 걸어가야 한다는 소리다.

릭샤를 타러 정거장 쪽으로 걸어 나가는데, 어떻게 펜스 안쪽으로 들어왔는지 몰라도 오토릭샤가 있다. 귀찮던 참에 이게 웬 떡인가 싶어 바로 흥정에 나섰다. 물론 릭샤왈라도 우리를 발견하고 조급해 하

며 빨리 타라고 했지만 말이다. 막상 홍정에 들어가자 요금이 펜스 밖 오토릭샤에 비해 꽤 비싸다는 걸 알게 되었다. 그러나 날씨도 덥고 수백 미터를 더 걸어가기 힘들었던 우리 일행은 홍정을 포기하고 그냥 오토릭샤에 올랐다.

펜스 안쪽에 들어와 있던 릭샤왈라들은 네 명 정도 되었는데, 보통 밖에서는 비싸게 가격을 부르다 홍정이 결렬되면 또 다른 릭샤왈라가 와서 홍정을 했는데 여기서는 그러지 않았다. 자기들끼리 담합을 했기 때문이다. 담합이 세상 어디에도 다 있는 것 같아 씁쓸했다.

어쨌든 오토릭샤를 타고 진입금지 펜스를 지나는데, 갑자기 릭샤 왈라가 주머니에서 꾸깃꾸깃한 10루피짜리 지폐를 꺼내더니 펜스 옆에 서 있던 경찰에게 몰래 건네주는 게 아닌가?

나는 순간적으로 너무 놀라고 말았다. 이건 뇌물이다. 인도의 부정부패는 익히 들어왔는데, 당연히 나와는 상관없이 먼 곳에 있을 줄 알았던 그 현장이 바로 내 눈앞에서 펼쳐졌으니 놀랄 수밖에 없었다.

그 장면을 목격한 나는 여러 생각에 잠겼다. 뇌물을 주고 받는 건 분명 불법이 아닌가? 그러나 곧 릭샤왈라의 마음이 이해돼 서글퍼졌다. 사실 우리나라에서도 운전하는 분들에 대한 사회적 대우는 그리 높지 않다. 문(文)을 숭상하던 사회에서 기술을 가진 사람들을 한 단계 낮춰보던 관습이 있었기 때문이다. 하물며 아직도 뿌리 깊게 신분제도가 남아 있는 인도에서는 오죽할까?

릭샤왈라는 인도에서도 하층민이 종사하는 직업이다. 아무 힘도 없고, 매우 가난하기에 그렇게라도 하지 않으면 가족을 먹여살릴 수 없는 그들의 현실에서 그렇게나마 생존방법을 터득했으니, 마냥 미워할 수만은 없는 것이다. 우리는 부패한 인도 사회에 대해 많은 이야기를 나눴지만 그냥 어딜 가나 부패라는 것이 존재하기 때문에 결국 마음이 아프다는 의견만 낼 수 있을 뿐이다.

그리고 다음번에 걸리면 뇌물을 주고받은 모두를 경찰에 신고해 혼내주겠다는 생각 또한 할 수 없었다. 먹고살 몇 푼을 벌자고 경찰과 거래하는 그의 모습이 참 불쌍하게 여겨졌으니 말이다. 그러면서 우리나라의 현실도 떠올랐다. 우리나라도 하루가 멀다고 터져 나오는 부정부패 뉴스가 많다. 언론에 보도되는 것 말고도 몰래 자신들의 행위를 합리화시키며 부정한 행위를 하는 사람들도 많다. 그런 부정 행위 뒤에는 서로 이해관계가 복잡하게 얽혀있어 처벌을 하는 것도 쉽지 않을 거란 생각이 들었다.

내 눈앞에서 직접 뇌물과 그 이권이 거래된 현장을 보게 되니, 진입금지 펜스 밖의 릭샤왈라들에게 새삼 고마움이 느껴졌다.

오토릭샤 진입금지 펜스 밖에서 법과 원칙을 지키며 운행하는 릭샤왈라들은 훨씬 힘이 든다. 그곳에는 더 많은 릭샤왈라들과 벌이는 무한 경쟁과 항상 반복되는 최악의 교통정체, 그리고 숨이 턱턱 막히는 매연이 있기 때문이다.

그런 가운데서도 그들이 가트 안까지 들어오지 않기에 그나마 갠지스 강과 가트의 환경이 유지되고 있는 것이다. 게다가 그들은 법이라는 테두리 안에서 양심적으로 올바르게 살아감으로써 부정부패의 천국이라 불리는 인도를 조금이나마 밝게 만드는 데 기여하고 있다.

힘든 삶 안에서도 규칙을 지킨다는 건 어찌 보면 당연하지만, 이 나라에서는 어쩌면 희생이라고 불릴 수도 있다. 그런 그들의 삶을 보면서 인간에 대한 이해와 양심에 대해 깊게 생각해 볼 수 있었다. 그리고 진입금지 펜스 안쪽의 릭샤왈라와 경찰들은 자신들이 저지르는 부정부패는 언젠가 그들이 신성하게 여기는 갠지스와 가트를 오염시킬 씨앗임을 왜 깨닫지 못하는지 답답하기만 하다. 그들이 최대한 빨리 그 사실을 깨닫도록 강가 여신의 축복을 기대해 본다.

사람답게 산다는
자부심 하나로
세상을 살아간다면

문명을 통해 다른 문명으로 이동하는 것, 그것이 여행의 시작
이 아닐까요?

꼭 비행기를 타지 않아도 돼요.
집 밖으로 나오는 순간 여행은 시작되죠.
매번 바라보던 곳에서 시선을 돌리는 것으로부터 말이에요.

꼭 떠나야만 하는 게 여행은 아닌 것 같아요.
새로운 것을 보고 접한다면 그것이 여행의 시작인 거죠.

문명의 통로를 통해 이곳으로 들어와 낯설음에 익숙해질 때,
그때가 다시 떠나야 하는 시기인 거 같아요.
혹은 걸어온 길을 돌아보거나요.

문화가 다른 이곳의 문명이 너무나 좋지만 가끔 내가 떠나온 그곳
의 문명이 그리울 때도 있어요.
그러면 조심스레 포털사이트로 들어가 인터넷 뉴스를 보죠.
내가 지내던 곳으로 돌아가고 싶다는 회귀 본능이 스멀스멀 올라
오네요.
솔직히 말하면 내 호승심이었을 거예요.
지금 내가 접하고 있는 문명이 마치 시시한 것만 같아서
조금 더 자극적인 가십거리를 찾고 싶었는지도 모르죠.

인터넷 뉴스를 몇 개 읽고 나니 곧 후회가 찾아와요.

반복되고 따분한 일상 속, 마음이 안주할 곳이 없기에 생기는 일들의 연장선에서 무엇인가 허기진 내 마음을 채워달라고 찾아 들어갔기 때문이죠.

밑 빠진 독에 물을 붓는 것처럼

결코 차지 않을 악마적인 궁금증을 채워 넣었기 때문이죠.

나도 말이죠.

이곳에 오기 전까지 답답하고 외로운 사람이었겠죠.

하루 종일 가십거리를 찾아다녔을지도 모르고,

그 가십거리로 위안을 삼았을지도 모르겠어요.

시간이 조금 지나면 모두 공기 속으로 증발하고

바닥에 가라앉은 먼지는 내 마음속으로 들어와 숨 쉴 때마다 괴로움에 발버둥칠 텐데 말이죠.

그런데 그 발버둥이 헛된 발버둥이라도 살기 위한 발버둥이라는 게 참 슬퍼지죠.

그래서 과감하게 지나온 문명은 잠시 배낭 저 아래 넣어두기로 했어요.

내가 있는 곳은 또 다른 문명이 살아 숨 쉬는 바라나시니까요.

곧 오물과 사람으로 뒤범벅되어 난장판인 바라나시의 골목으로 나섰어요.

실로 악마적인 고통에서 벗어나 숨통이 트이는 것 같았죠.

그곳에 가면 사랑하고 싶어져

제법 살 만했어요. 아니 골목골목 흐트러진 오물의 그 더러움마저
너무나 상쾌했어요.

무언가 꼭 행하지 않아도.

무언가 꼭 찾아 나서지 않아도.

내가 이곳에 있는 것만으로도 충분했으니까요.

더 불행했던 기억을 떠올리면

내가 얼마나 행복한 환경에 놓여있는지 알 수 있어요.

그래서 뒤를 바라봐야 하고

그래도 아니다 싶을 때는 떠나야죠.

그때가 떠날 때예요.

그래서 내 영혼을 묶는 휴대폰을 배낭 아래 넣어두고

내가 원한다면 아무 문제가 없다는 제약 아래

실로 영혼이 충만해지는 새로운 문명의 시작선상에 있게 되었어요.

아무 문제가 없다, 그것이 더욱 삶을 재미있게 만들어 주는 것 같아요.

그래서 나는 소님이 느긋하게 거리를 막고 있는

어쩌면 원숭이가 공격해 올지도 모르는

오물이 잔뜩 뒤덮인 골목길로

아무런 계획 없이 무작정 나가서 걸었어요.

오늘은 과연 무슨 일이 펼쳐질까 하는 궁금증과 함께 말이죠.

숙명

모든 감정으로부터 자유로워지는 방법을 찾은 게 인도 여행을 하며 얻은 소중한 성과다.

인도는 자유를 그릴 수 있는 나라니까 말이다.

내 마음이 상대의 마음과 같지 않아서 오는 좌절로부터 시작되었던 아픔, 그것이 내 청춘의 시작이었다.

기도가 꽉 막혀 악마 같은 숨소리로 타들어가는 심장이 견딜 수 없이 너무 아파 심장 고동의 느낌을 극히 꺼려왔다.

내가 회피해오던 심장의 고동 소리를 고통 없이 평온함 속에서 느낄 수 있었으니 말이다.

그렇게 한다면 행복하거나 설레지는 않겠지만 더 이상 아프지도 않을 테니까.

인도에 머물며 여행을 하다 보니

그곳에 가면 사랑하고 싶어져

마음의 문을 열고 나오려는 설렘이 육체의 고동이 아닌, 안정과 평화에서 오는 마음의 고동이었기에 자꾸만 기대감이 밀려왔다.

누군가는 내게 여행이기 때문에 스스로 과대포장하고 거짓으로 대하는 사람이 많다고 했지만

나는 오히려 여행이었기에 솔직해 질 수 있는 시간이었다.

어쩌면 한 번만 보고 스쳐가는 사이거나 서로 아쉬움이 없는 사이기에 가능한 일일지도 모른다.

난 이 여행에서 내 자신에게 거리낄 것 없이 솔직할 수 있다는 것, 그것이 참 좋았다.

그런 마음가짐을 갖게 해주는 환경이 참 좋았다.

그렇게 여행자 거리를 돌아다니며 마주치는 수많은 사람들과 솔직함으로 이야기를 나눴다.

다른 이와 대화를 한다는 것. 그를 이해하려 그의 이야기를 듣는다는 것.

인도에서 만난 내 마음의 새로운 세계였다.

그러나 무수한 대화를 나눠도 완벽한 감정교류라는 것은 쉽사리 이루어지지 않았다.

그제야 비로소 나는 깨달았다.

누가 되었던 서로 완벽하게 같지 않는 것 이상 너무나 다르다는 것을,

세상에 완벽하게 같다는 것은 존재할 수 없다는 것을,

그 어떠한 노력을 해도 가능하지 않다는 것을.

그러나 비슷한 경험을 한 사람들끼리 모일 때 순간의 위안은 얻을

수 있다는 사실도 깨달았다.

이뤄질 수 없는 것을 바라고,

타인과 내가 동일하지 않다는 데서 오는 좌절감으로

내가 아팠다는 사실을 알게 되었다.

타인을 인정해줄 것,

그러려니 해줄 것,

그리고 나를 사랑해줄 것,

괜찮다고 나를 위로해줄 것.

그것이 행복으로 설레는 심장의 고동을 느낄 수 있는

인간의 유일한 숙명이다.

숙명을 배반한다면 나에게도 남에게도,

세상에 존재하는 그 어느 것에게서도,

진정한 사랑을 받을 수 없다는 것 또한 기억해야 한다.

그때부터 설레는 심장의 고동이 느껴졌고
심장이 타들어가는 아픔을 더 이상 느끼지 않을 수 있게 되었다.

문명이 발달한 곳에서의 숙명은 참 무겁다.
사람과 사람 사이의 솔직함을 숨겨놓고
챙기고 눈치보고 욕심 부릴 게 많아지기 때문이다.

그래서 인도에서의 숙명은 무겁지 않다.

가끔 너무 순수한 것을 보면 갖고 싶다는 생각을 하다가도
무릇 사랑해도 될까 하는 의문이 들기도 한다.
내가 가져도 될까?
내가 행복해도 될까?

슬픔에서 떠나야겠다.
사랑으로 살아야겠다.

노 프라블럼

인도를 여행하는 여행자들이 현지에서 가장 많이 듣는 말 중 하나가 '아무 문제가 없다'는 뜻의 '노 프라블럼(No problem)'과 '예스'와 '굿'이라는 뜻의 '아차헤(Acha-he)'라는 말일 것이다. 인도 사람들의 장점 중 하나로 특유의 낙천적인 성격과 긍정적인 마인드가 꼽히고 있지만, 인도 사람들의 단점 중 하나로도 너무나 낙천적인 성격과 너무나 긍정적인 마인드가 꼽히고 있어 아이러니하다.

그날은 정말 배가 고팠다. 단순한 허기짐이 아니라 이렇게 굶주림에 고통스러웠던 적이 있었나? 내 기억의 저 끝에 자리하고 있는 과거의 기억들을 아무리 뒤적여 봐도 이렇게 고통스러웠던 적은 없었다. 16시간 동안 달렸던 야간 버스에서 아무것도 못 먹고 허기를 참았던 지라, 내 뇌하수체에서는 온통 음식을 입에 넣어달라는 보챔으로 가득 찼다. 그래서 배낭을 채 내려놓기도 전에 식당으로 달려가 가장 화려해 보이는 음식을 주문했다.

'탄두리치킨!'

PIN-342001
पत्र

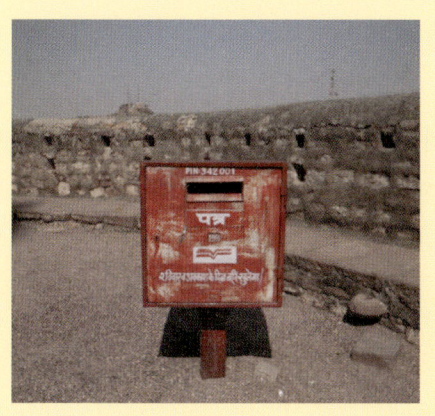

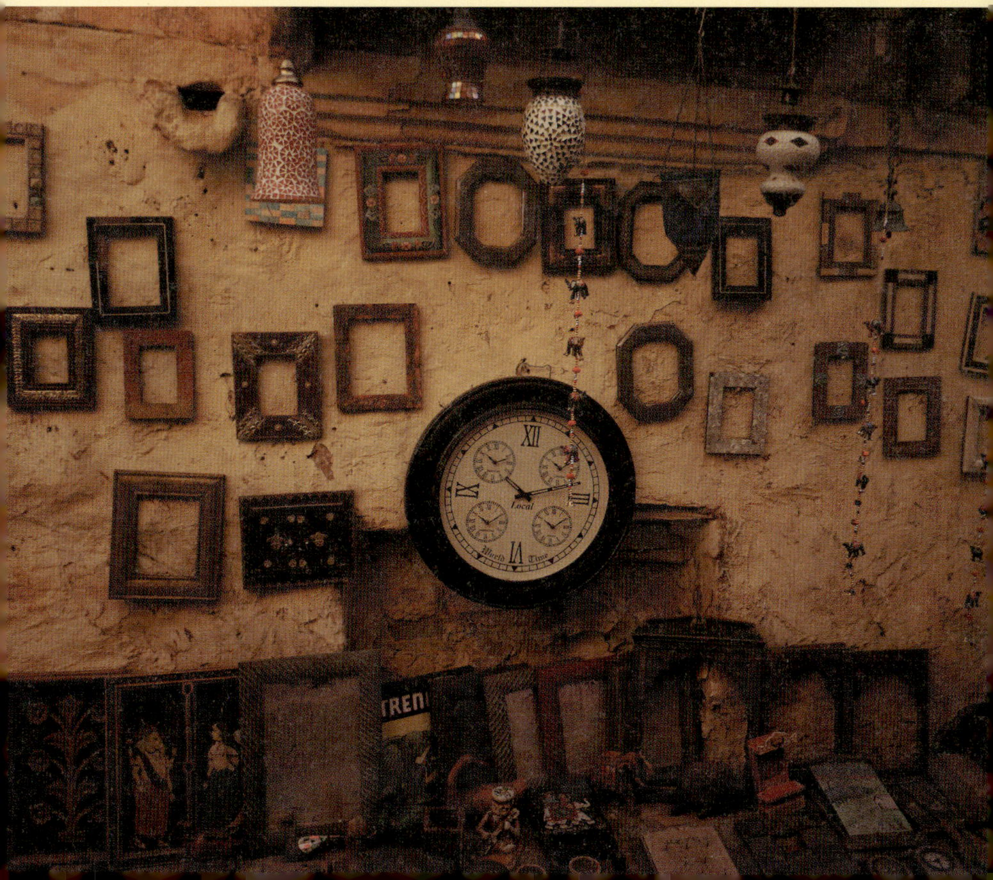
Local
World Time

절박한 상황에서 먹을 것이, 가지고 싶은 것이 손에 잡힐 듯 눈앞에 보이면, 더욱 조급해지고 욕심나는 게 사람의 본성인 것 같다. 평소에는 여유와 우아함으로 무장되어 있던 나도 무척 들떠서 이제 곧 음식을 먹게 된다는 행복감에 젖어 군침을 흘리며 상상의 나래를 펴고 있었으니 말이다.

그런데 주문한 지 30분이 넘도록 음식이 나오지 않는다. 늦는 게 일상화된 인도라지만 굶주림으로 인해 내 인내심은 바닥나고, 행복한 기분 또한 배고픔의 해일이 집어삼켜 예민한 정도를 넘어서고 있었다. 난 마치 이별을 통보받은 여자가 울리지 않는 핸드폰 화면만 바라보듯, 두 다리를 몹시 초조하게 떨며 음식이 나오는 주방문만을 바라보고 있었다.

얼마나 더 지났을까? 더 이상 참지 못한 나는 내 본능에 충실하고자 주방으로 가봤다. 탄두리치킨이 언제 나오나 직접 물어보기 위해서 말이다. 그런데 그곳에서 아무런 행동도 하지 않고 의자에 가만히 앉아 있는 요리사를 볼 수 있었다.

"음식은 언제 나오죠?"

"노 프라블럼. 다 돼가요."

"너무 배가 고파요. 좀 서둘러주세요."

그러나 나오면서 둘러본 주방에는 요리하는 낌새를 찾을 수 없어서 몹시 불안했다. 10분이 더 지났을까? 아직도 우리 요리는 나올 기미가 보이지 않는다. 결국 굶주림은 날 주방으로 다시 이끌었다.

"음식은 언제 나오죠? 나 배고파서 미칠 것 같아요."

"노 프라블럼. 아차혜. 금방이요, 금방 돼요."

그러더니 갑자기 그 요리사가 자리에서 벌떡 일어나 천 쪼가리 가방을 어깨에 메고 어디론가 황급히 나간다. 뭘까? 내심 불안하다. 음식이 다 됐다면서 도대체 어디로 가는 걸까?

음식을 기다린 지 벌써 40분째. 뾰족한 수가 없으니 마냥 기다리고만 있다. 이제는 배가 고프다 못해 화가 난다. 아니 이제는 너무 지쳐서 서럽기만 하다. 진짜 너무 배가 고파 아무 음식이라도 다 맛있게 먹을 수 있을 것만 같다. 이미 내 몸에서는 힘이 빠져나가 두 동공에 생기마저 잃어간다.

그로부터 10분 정도 지났나? 어디론가 황급히 떠났던 요리사가 뭔가를 포장해서 들고 돌아온다.

뭘까? 이제는 밥을 먹을 수 있겠지? 다른 곳에서 음식을 만들어 왔구나하는 기대감으로 주방을 들여다보니, 요리사가 들고 온 것은 생닭이었다. 이런 제기랄 그제야 닭고기를 사온 것이었다. 음식을 주문한 지 50분째 비로소 재료 준비가 끝났다. 차라리 닭고기가 없다고 얘기를 해주지, 정말 눈물이 난다.

이제야 주방에서 들려오는 지글지글 보글보글 소리. 그렇게 10분 뒤에 나는 세상에서 제일 맛있는 탄두리치킨을 먹게 됐다.

인도를 여행하다가 보면 정말 여러 가지 가치를 배우게 된다. 음식점에서 참을성을 배우고, 시간의 소중함을 깨닫게 된다. 억만금을 가졌어도 내 뜻대로 안 되는 것을 배울 수 있다. 한없이 기다리면서 욕심도 버릴 수 있다. 이 모든 게 인도 사람 특유의 가치관인 '노프라블럼'과 '아차혜'에서 비롯됐을까?

"오늘도 주변 사람에게 말해요. 아무 문제 없다고요."

행복

잠에서 일어나 행복했던 적이 있었나.

잠에서 깨어나 기뻤던 적이 있었나.

개학식이라 오랜만에 만날 친구들 생각에 설레고

놀이동산으로 소풍갈 거라 아침이 기다려졌던 날.

아주 먼 기억 속에 나를 잠 못 들게 하고

잘 다려놓은 교복을 정리하며 책가방을 싸놓고

아침이 되면 저절로 눈이 떠졌던 아주 옛 기억은 분명 있었다.

자이살메르에서의 늦은 오전은 그렇게

내게 옛 기억 속의 설렘을 회상시켜주었다.

하늘하늘 부는 바람에 나풀나풀 날리는 커튼과

쨍쨍한 햇살을 타고 옥상까지 내려오는 햇볕.

아무런 이유도 없이

마냥 행복하고 설레기만 하다.

자고 일어났을 때,

현실 세계에서 행복하게 깨어난다는 것은

사실 별것 아니지만 굉장히 힘든 일이다.

행복한 잠결에서 깨어나보고 싶다면.

297

지금 당장

인도의 서쪽 동네 자이살메르로 떠나라.

아침에 눈뜨는 행복이 무엇인지,
하늘하늘 부는 바람이 간질간질 알려줄 테니까.

그곳에 가면
사랑하고
싶어져

옛날 옛날에 무굴제국에 샤자한이라는 황제가 살았대.
그는 왕비 뭄타즈마할과 동화 속에나 나올 법한 사랑을 했대.

두 사람은 17년 동안 14명의 아이를 낳고 금실 좋게 아주 행복하
게 살다가 왕비 뭄타즈 마할이 15번째 아이를 낳다가 죽어서 헤어지게
된 거야.

샤자한은 그녀에 대한 사랑과 애틋한 그리움으로
인류 역사상 유래가 없는 화려한 무덤을 야무나 강변에 짓기 시작
했대.

동원된 인원이 20만 명에, 1,000마리의 코끼리가 동원되어 22년
동안 공사비만 약 4백만 루피, 지금 돈으로 환산해도 700억 원이 넘
는 엄청난 돈을 들여 그녀의 무덤을 지었대.

완벽한 대칭을 이루며 순백의 대리석으로 만들어진 타지마할
왕비의 부활을 바라며 지어진 무덤.

사랑에 미쳐버린 아버지 때문에 국가에 엄청난 재정 위기가 오자
그것이 힘들었던 아들은 공사를 중단시키고 아버지를 아그라 성에
유폐시키고 말았대.

아들에 의해 밀려난 샤자한은 갇혀 있던 8년 동안 저 멀리 보이는
타지마할을 보며 자신이 그토록 아끼고 사랑했던 죽은 아내를 그리
워했대.

그리고 그리움에 숨이 끊겨 생을 마감했을 때,
그래도 아버지의 사랑을 존중했던 아우랑제브 황제가 샤자한을
그가 그토록 사랑하던 아내 뭄타즈마할의 곁에 묻어 주었다고 해.

이 이야기는 벌써 350년 전의 이야기로, 실존하는 역사 속에서 아
주 숭고하면서 애틋한 사랑으로 남았지.

사랑이라는 게 얼마나 위대한 힘을 불러일으키는지,
사랑이라는 게 얼마나 숭고한 것인지,
죽음 뒤에 남겨지는 것은 사랑이라는 보이지 않는 실체라는 것을
느낄 수 있지.

그곳에 가면 사랑하고 싶어져.

내 영혼이 뒤덮일 수 있는 사랑을 하고 싶어져.

사랑하세요. 남는 것은 사랑입니다.

인연과
동반자

배낭을 메고 홀로 인도에 떨어졌을 때, 그곳에서 좋은 친구를 사귈 것이라는 기대는 전혀 하지 못했다.

내 청춘의 시작이었던 20대 초입에 순수하고 유리구슬같이 맑은 내 영혼을 남들에게 꺼낸 적이 있었다. 그러나 서툴고 순수해 온전하게 남들에게 보였던 내 영혼의 유리구슬은 여러 사람들로부터 상처를 받고 밑바닥으로 곤두박질쳐 산산조각이 났다.

그 이후 나는 내 마음 한 편에 판도라의 상자를 만들고, 그 안에 영혼의 유리구슬을 넣은 채 결코 남들에게 꺼내 보이지 않았다. 또 아플지도 모르니까, 또 다칠지도 모르니까. 그랬기에 인도 땅에서 나는 좋은 친구를 사귈 거란 기대를 더더욱 하지 못했다. 그저 홀로 다니는 여행은 위험하다고 해서 다툼이 생기지 않을 정도의 동행자가 생겼으면 좋겠다는 생각만 하고 있었다.

그래서 만난 여행의 동반자가 소미 언니와 진이다. 소미 언니는 말주변이 뛰어나고 위트와 센스가 있어 항상 나를 즐겁게 해줬다. 만

305

그곳에 가면 사랑하고 싶어져

난 지 얼마 되지 않아 항시 조심스러웠던 언니지만, 처음부터 끝까지
일정이 다른 나와 여행을 함께 해준 고마운 사람이기도 하다. 특히
태국에서 넘어올 때 가져온 '야돔'이라는 태국산 코 뚫는 약을 내게
선사해, 온갖 먼지로 검디검은 코딱지와 막힌 코를 뚫어준 고마운 사
람이기도 하다. 우리는 항상 코 막힘이 있을 때마다 언니의 야돔을
이용해 코를 뚫고 "새로 태어났어!"를 외치며 행복감을 나누곤 했다.

진이는 항상 긍정적이고 장난기가 많아 우리의 여행을 더 즐겁게 만들어준 동생이다. 어쩔 때는 나보다 더 어른스러울 정도로 속이 깊고, 끊고 맺는 것이 확실한 야무진 동생이다.

소미 언니와 진이는 간디 공항에서 만났다. 인도 땅에 떨어진 우리 모두 인도가 낯설어 동행자를 구할 때, 어떤 인연 때문이었는지 몰라도 우리 세 명은 긴 시간을 함께 보냈다. 그렇게 인도 곳곳을 다니며 단순히 친한 사이를 넘어 각별한 사이가 됐다고 나 혼자만의 생각이 들 무렵, 난 바라나시에서 호되게 아팠다.

우리들끼리 '바라나시병'이라고 이름을 붙였는데, 지금 생각해보면 장염에 피로, 감기까지 겹쳐 앓아누웠던 것 같다. 밤새 설사를 하고 고열에 시달렸다. 한국에서 가지고 갔던 비상약을 먹었는데도, 먹는 족족 몸 밖으로 배출이 되니 약발이 받지 않아 밤새 끙끙 앓아야만 했다.

그런데 소미 언니와 진이는 자기들도 낯설고 물 선 곳에서 여행피로로 힘들 텐데, 밤을 지새우며 마치 엄마처럼 지극하게 날 간호했다. 솔직히 난 지금까지 타인을 간호해본 적도 없고, 더더욱 밤을 지새우며 간호를 해본 적이 없기 때문에, 그때의 감동이 내게 얼마나 크게 와 닿았는지 모른다. 그 이후로 나 혼자만 각별한 사이라고 믿었던 게 아니라는 점을 깨닫고, 여행할 때마다 내 두 눈은 반짝반짝 소미 언니와 진이를 향했었다.

두 사람과의 대화는 항상 놀라움의 연속이었다. 엄청난 고학력자도 아니며 엄청난 부자도 아니지만 엄청나게 열린 마음과 시선을 가지고 있었기 때문이었다. 두 사람은 우리나라 문학작품을 많이 읽고,

307

오페라와 연극, 뮤지컬을 즐기며 깊은 철학적 사고를 길러서인지 여행기간 내내 여러가지 이야기를 소재로 자신만의 견해를 펼쳐나갔다. 덕분에 그들과 대화할 때면 난 놀라움의 연속이었다.

왜냐면 난 한국사회에서 철저하게 만들어진 거짓 시선의 틀에 갇혀 있었기 때문이다. 고학력에 고소득층이야 말로 뭐든지 합리화된다고 여겨지는 것. 그래서인지 나는 이 두 사람을 통해 내가 속해 있던 사회의 거짓과 분노에 회의를 느꼈다. 마치 결혼회사의 등급제 같은 인생을 추구하며 살아가라고 권유하는 세상에서 너무나 그 사회에 알맞게 잘살아온 나를 나중에 깨닫게 됐다는 느낌이랄까?

사람의 환경이 성격에 미치는 영향은 지대하지만, 학력과 부와 외모는 성격과 전혀 비례하지 않았다. 대인관계에서 너무 아프게 데였던 나만의 사고로, 나만의 관계의 틀을 만들어 놓았던 것, 그것이 잘 못이었다. 두 사람과 함께할 때면 내 오만과 편견을 깨뜨릴 수 있었고, 더욱이 그들은 따뜻한 인성까지 겸비한 사람들이었기에 내 마음속에 자리 잡고 있던 사람에 대한 아픔까지 자연스레 치유되었다.

많은 여행자들은 여행이기에 처음 만나는 사람들과의 대화에서 거짓으로 자신을 포장한다고 한다. 그러나 나는 외려 반대였다. 어떤 환경적인 제약을 받지 않는다는 점에서 너무나 자유로워서 더 열린 마음으로 나에 대해 솔직하게 말할 수 있는 시간이었다. 오히려 솔직해지지 않으면 목을 졸라맬 것 같은 인도였기에 마음을 열고 솔직함으로 대할 때마다 인도를 200퍼센트 즐길 수 있었다.

그렇게 솔직하고 재미있는 여자 셋이 인도를 누비고 다녀 너무 신이 났고 또 그런 내 자신이 믿어지지 않았다. 마치 어릴 적부터 알아온 소꿉친구와 같은 느낌이었다.

다르질링에서 마지막으로 소미 언니와 작별하던 새벽 3시, 내게 쑥스러운 표정으로 엽서를 건네던 소미 언니의 얼굴을 지금도 잊지 못한다. 마지막 날 델리의 호텔에서 울며 짐을 싸던 날 보고, 눈물이 그렁그렁 맺혀서 안타까워하던 진이의 얼굴이 지금도 잊히지 않는다.

서울에서 만나 한국 밥 한 끼 먹자며, 잠을 자기 전에 항상 음식 이름 대기를 했던 그들이 집으로 돌아온 후에도 외로울 때면 가장 보고 싶은 얼굴들이다. 늘 우리는 얘기했었다. 인크레더블 인디아에서 서로 만난 게 더욱 인크레더블하다고, 그래서 인도는 인크레더블이라고.

인도로 떠날 여행자가 있다면 이젠 책임지고 이야기해 줄 수 있을 것 같다. 배낭 하나 달랑 메고 혼자 인도로 떠나도 괜찮다. 당신을 기

다려줄, 당신을 반겨줄 깊은 영혼의 여행자들이 두 팔 벌려 기다리고
있을 테니까 말이다.

무수히 많던 바람들이, 여기에선 없다. 욕심을 부려도 욕심이
생기지 않는다. 그래서 좋다.

그곳에 가면
사랑하고
싶어져

지은이 김지현
펴낸이 김정동

초판 1쇄 인쇄 2013년 4월 5일
초판 1쇄 발행 2013년 4월 10일

펴낸곳 서교출판사
주소 서울시 마포구 합정동 371-4 덕준빌딩 2F
전화 3142-1471 (대) **팩스** 3142-8225
등록번호 제10-1534

기획 · 편집 박효진
교정 · 교열 루카 김
영업 안대준, 한유나
관리 정선희

E-mail seokyodong1@naver.com
홈페이지 http://blog.naver.com/seokyobooks
ISBN 978-89-88027-94-3 13910